Tú no me escuchas, yo no te entiendo

VIVIRMEJOR

LARA FOX
HILARY FRANKEL

Tú no me escuchas, yo no te entiendo

VERGARA
GRUPO ZETA

Barcelona • Bogotá • Buenos Aires • Caracas • Madrid • México D.F. • Montevideo • Quito • Santiago de Chile

Título original: *Breaking the Code*
Traducción: Irene Saslavsky
1.ª edición: julio 2007

© 2005 Lara Fox and Hilary Frankel
© Ediciones B, S. A., 2007
  para el sello Javier Vergara Editor
  Bailén, 84 - 08009 Barcelona (España)
  www.edicionesb.com
  www.edicionesb.com.mx

ISBN: 978-84-666-3180-8
Impreso por Quebecor World.

Dedicado a nuestros mayores fans: nuestros padres. Los nombres han sido cambiados para proteger a las personas involucradas.

AGRADECIMIENTOS

A Alice Martell: gracias por proporcionarnos la confianza y la motivación para seguir adelante. Sin tu increíble dedicación y aliento habríamos abandonado desde hace tiempo. Cada vez que dudábamos de nosotras mismas, allí estabas tú para insistir en que el punto de vista adolescente debía ser tenido en cuenta. Gracias por arriesgarte con dos adolescentes sin experiencia y tratarnos como adultas.

A Howard Mittelmark: hace un año que resistimos, pero ya no aguantamos más... Howie, gracias por ser un pesado total y procurar que no traicionáramos la voz de los adolescentes. Y aún más importante, gracias por asegurar que ese mono figurara en el libro. Nos encantó trabajar contigo, de verdad, y estamos seguras de que te encantó hablar con nosotras los sábados por la noche, tarde... incluso aunque no lo reconozcas. Gracias por evitar que perdiéramos el control.

A Stacey y Deborah, gracias por domar a nuestros padres. Vuestras experiencias nos ayudaron a ver las relaciones entre padres y adolescentes desde otra perspectiva. Gracias por dedicar algunas horas de vuestras ocupadísimas vidas universitarias a llamarnos por teléfono e interesaros por nosotras. Vuestro apoyo como hermanas nos permitió sobrevivir a la adolescencia.

A los demás miembros de nuestras familias, gracias por mostrar un interés permanente en este proyecto, que ha formado una parte tan importante de nuestras vidas. Todo vuestro aliento ha sido de gran ayuda.

Oh, Nancy (señora Fried): si no fuera por tu entrometimiento, este libro no hubiera pasado de ser una idea. Gracias por tu apoyo constante, por levantarnos la moral todas las semanas y por ser tan indulgente.

A todos nuestros amigos: gracias por entretenernos y apoyarnos. Sin vosotros no habríamos dispuesto de todo ese material de trabajo.

A Tracy Berenstein, gracias por tener paciencia y confiar en dos adolescentes despistadas. Hiciste que este proceso se convirtiera en algo positivo para nosotras.

Y para acabar, queremos agradecerles a los protagonistas de este libro (mamá y papá), Lynn y David, Jan y Steven: sabemos que durante este último año y medio hemos sido de armas tomar, pero de verdad apreciamos el amor y el entusiasmo constante que demostrasteis por este proyecto y por nosotras. Porque sin esa relación tan positiva e intensa con vosotros, este proyecto hubiera fracasado. Gracias por vuestro aliento y por enseñarnos a canalizar nuestras frustraciones y convertirlas en algo más constructivo. Hicisteis que esta experiencia fuera algo especial a cada paso.

ÍNDICE

INTRODUCCIÓN

Quizás éste no sea el primer libro sobre cómo ser padre que hayas comprado. Si tus hijos ya han llegado a la adolescencia, probablemente a estas alturas hayas leído unos cuantos. A lo mejor incluso compraste libros sobre bebés cuando nació tu hijo o hija. Esos libros supusieron una gran ayuda porque los bebés no saben hablar y necesitabas que los expertos te dijeran qué ocurría en sus pequeñas y blandas cabecitas. Después tus hijos crecieron y empezaron a hablar, y todo se volvió más sencillo. Podían decirte qué les dolía, por qué estaban tristes y qué los haría felices. Ahora sabes que aquello sólo fue una fase.

O sea que lo de tener un hijo o hija adolescente no es nada nuevo, ¿verdad? Nuestras cabezas son más duras, pero una vez más, no sabes qué ocurre en su interior. Y una vez más, necesitas la ayuda de un experto. Y para eso estamos nosotras.

Vamos a decirte cómo piensan los adolescentes y cómo interpretan lo que tú les dices. Este libro te servirá para comprender los procesos mentales de tus hijos adolescentes y te enseñará a mejorar la relación con ellos, para que ambos podáis comunicaros mejor.

A lo mejor en un momento determinado creías que la comunicación estaba mejorando, cuando en realidad tu hijo adolescente sólo pretendía evitarte durante todo el fin de semana. Tal vez andes con pies de plomo por temor a que cualquier cosa que le digas le haga saltar y que no te dirija la palabra durante una semana entera.

Has de recordar que a veces nuestra locura adolescente no tiene ni pies ni cabeza. Nos limitamos a reaccionar, y por desgracia no puedes evitarlo ni ayudarnos. Sabemos que para los padres éste es un concepto realmente difícil de aceptar, porque recordáis cuando las cosas eran mucho más fáciles. Pero indefectiblemente, la situación ha cambiado. Tu hijo adolescente se aleja cada vez más de ti, mientras que tú te desesperas por averiguar el motivo. Este libro no te sugiere que hurgues en la mochila de tu hijo para descubrirlo; sin embargo, te explica cómo hablarle para que se sienta más cómodo y te diga qué está ocurriendo.

Los adolescentes siempre malinterpretan lo que dicen sus padres, y ésa es una de las razones por la que se callan tantas cosas: creen que sus padres tienen segundas intenciones. Te enseñaremos a conseguir que tu hijo adolescente sea más receptivo y a evitar que se vuelva aún más reservado.

Todos los capítulos de este libro tratan de temas que pueden ser realmente asuntos conflictivos, como la intimidad de tu hijo, los estudios o el dinero. Te presentamos situaciones (extraídas de nuestras propias vidas y las de nuestros amigos) que ejemplifican las maneras habituales en las que las cosas pueden torcerse, y continuamos con situaciones que ejemplifican la mejor manera de arreglarlas (o de empezar por evitar el follón).

Este libro no es un guión para hablar con tu hijo; es una guía para saber cómo interpretan los adolescentes tus mensajes y cómo conseguir que interpreten lo que realmente intentas decirles. No tardarás en descubrir que los adolescentes analizan y añaden significados a tus palabras, por más inocentes que éstas sean. Ojalá sirva para que desaparezcan las rencillas causadas por la mala comunicación. Eso no significa que no vayas a discutir con tu hijo. Las peleas no dejarán de ocurrir: de hecho, a veces es bueno que se produzcan, porque ésa suele ser la manera de descubrir qué está ocurriendo. Es sano. El objetivo es que el derramamiento de sangre sea mínimo.

1

«¡PROHIBIDA LA ENTRADA!»

El respeto a la intimidad

—¡Vete!

¿Te suena? Bueno, no te ofendas. Para un adolescente, decirles «vete» a sus padres forma parte del proceso de crecimiento. A estas alturas ya habrás descubierto que los adolescentes somos temperamentales y exigentes, pero cuando empezamos a exigir que respeten nuestra intimidad no se trata de una cuestión de temperamento.

El primer capítulo de nuestro libro trata de la intimidad, y por un motivo concreto. Para un adolescente, nada es más importante que obtener el respeto que creemos merecer. Ya no somos niños, aunque te parezca que a veces seguimos comportándonos como tales. Sabemos que tampoco somos adultos, aunque desde luego pretendemos que nos trates como tales. ¿Qué somos? Somos personas que están aprendiendo a ser adultas, y una de las maneras de hacerlo, y muy importante, consiste en volvernos más reservados. El primer lugar donde lo pondremos en práctica es en el hogar y el aspecto más importante —lamentamos tener que ser nosotras quienes os informen de ello— consistirá en dejaros al margen.

Quizá sea precisamente eso lo que te perturba en este momento. Ser el progenitor de un adolescente puede ser muy perturbador, porque la situación está cambiando. Recordarás la época en la que para tus hijos, tú eras el mundo entero. Sus vidas giraban en torno a ti, participabas en todas sus decisiones importantes y después de clase volvían a casa y te contaban todo lo que había ocurrido. Era como si tuvieras un pase para acceder a las bambalinas de sus vidas.

Ahora a lo máximo a que puedes aspirar es a ocupar un asiento entre el público, y quizá ni siquiera sea una localidad preferente. Desde allí tal vez te resulte difícil descubrir qué le está ocurriendo, y no resulta nada fácil averiguar cuándo los adolescentes quieren y necesitan que te involucres en sus vidas.

Pero para eso estamos nosotras: vivimos en su mundo y te ofrecemos una mirada privilegiada; sabemos qué quieren los adolescentes y cuándo lo quieren, y también te diremos cuándo conseguir lo que quieren no es lo mejor para ellos.

Pero incluso antes de empezar a hablarte de ello, esto es lo primero que has de considerar antes de sumergirte en el mundo adolescente. ¿Recuerdas a esa amiga pesada del instituto? Ya sabes: esa que siempre quería estar contigo y que siempre llamaba para saber qué estabas haciendo. La que procuraba acompañarte a todas partes y hacerse amiga de tu nuevo grupo, pese a no encajar en absoluto. Pues ten en cuenta que ahora tus hijos adolescentes te ven así. No eres la amiga con la que te apetece estar. No eres la amiga lista y de confianza. Eres la pesada.

Lo que ocurre es que los adolescentes no necesitan ni quieren otra amiga enrollada. Necesitamos a alguien que nos quiera, que quiera saber dónde estamos porque se preocupa por nuestra seguridad, no porque le apetezca pasar el rato con nosotras.

Tus hijos adolescentes necesitan que los invites a salir contigo, porque eso les recuerda que tendrán un lugar a tu lado, aunque rara vez aceptarán la invitación. Y eso se presta a confusión, porque los adolescentes exigen ser tratados como adultos y se indignarán si los tratas como si fueran niños. Pero al mismo tiempo necesitan saber que estás ahí, preocupándote por ellos; que aún eres su madre/padre.

Básicamente, llevas las de perder. Reconozcámoslo ya desde el principio. Hagas lo que hagas, tu adolescente se opondrá a ello. Pero nosotros te ayudaremos a comprenderlo mejor, y que al menos el trance sea menos doloroso.

Su habitación es su castillo

Una de las cosas que puedes hacer para que todo resulte más fácil es respetar la intimidad de tu hijo. Te saldrás con la tuya en un montón de cosas más que nos fastidian si sabemos que nos respetas, y probablemente sea la mejor manera de hacerlo. Si respetas nuestra intimidad como respetarías la de un adulto, sabremos que ya no nos consideras unos niños..., y es evidente que tu opinión nos importa mucho, aunque no siempre lo demostremos. O más bien nunca.

¡ABRE ESTA PUERTA!

Son las siete y Amy, la madre de Sasha, quiere saber dónde pasarán la noche Sasha y su amigo Colin. Amy intenta abrir la puerta de la habitación de Sasha y descubre que está cerrada con llave. Inmediatamente Amy sospecha de la relación de su hija con Colin. Llama a la puerta con estrépito. No obtiene respuesta; lo único que oye es que alguien abre lentamente el cerrojo. Es evidente que Sasha intenta disimular que la puerta estaba cerrada con llave. La música estaba tan alta que no ha oído que Amy intentaba entrar.

—¿Por qué has cerrado con llave?

—No he cerrado con llave. Además, ¿qué más te da eso? Sólo estábamos escuchando música. ¿Qué quieres?

—Sé que la puerta estaba cerrada con llave. ¡Intenté abrirla! —chilla Amy.

—Podrías haber llamado —masculla Sasha.

—¡Estoy harta de tu actitud! Mientras vivas bajo mi techo, te atendrás a mis reglas. Esta noche no saldrás.

—¿Qué? ¡Es el colmo! ¿Quién te has creído que eres?

—Soy tu madre, y es hora de que tu amigo vaya desfilando. Y que conste que la culpa de todo esto no es mía: tú misma te lo has buscado.

Sasha pone los ojos en blanco, cierra de un portazo en las narices de Amy y le dice a Colin que suba el volumen de la música.

Es obvio que Sasha se pasó de la raya, pero quizá la puerta no habría estado cerrada con llave si hubiera comprendido por qué su madre insistía en la regla de no cerrar con llave. Tu hijo se resistirá a tus reglas e intentará discutirlas. La única manera de meter este tipo de reglamento en la cabeza de tus hijos adolescentes y lograr que lo cumplan es explicarles el porqué. A lo mejor no estarán de acuerdo, pero necesitan comprender el motivo.

En el caso de la puerta cerrada con llave, la mejor manera de explicar la regla es decir «Si no tienes nada que ocultar, no hay ningún motivo para cerrar con llave. Estamos más que dispuestos a respetar tu intimidad, pero nos quedamos más tranquilos si no cierras con llave».

Aunque no lo reconozcan, los adolescentes saben que esto es perfectamente razonable y justo.

Pero la discusión entre Sasha y Amy supone algo más que una puerta cerrada con llave. El primer error ocurrió cuando la madre empezó a chillar y perder el control. Ya sabemos que podemos sacaros de quicio, pero el hecho es que si perdéis los estribos, las posibilidades de que la reacción del adolescente sea positiva son francamente escasas, sobre todo en presencia de un compañero (y todavía más si es del sexo opuesto). Una vez abierta la puerta, Amy debería haber postergado la discusión sobre la puerta cerrada con llave. Si le preocupaba que Sasha lo repitiera, podría haberle dicho que quería hablarle en privado, evitando avergonzarla todavía más.

Ser padre/madre en parte consiste en prever la reacción de un adolescente. Quizá si Colin no hubiera estado presente, Sasha no se habría mostrado tan irrespetuosa. Cuando Amy le habló, Sasha no oyó ni una sola palabra de lo que su madre le estaba diciendo; le entró por un oído y le salió por el otro. Es normal: a Sasha sólo le preocupaba la impresión que provocaba en Colin.

El error de Sasha fue mentir acerca de haber cerrado la puerta con llave. Tal vez se avergonzaba de que sus padres no se lo permitieran. Colin estaba presente, escuchando todo, así que Sasha quería evitar una discusión y parecer infantil ante los ojos de su compañero. Ningún adolescente tiene ganas de explicar las «extrañas reglas» de su hogar, y aunque es probable que en casa de Colin también exista un reglamento, Sasha no pensó en esa posibilidad. Lo único que tenía era prisa por lograr que su madre saliera de la habitación sin humillarla.

Sasha interpretó cada uno de los actos de su madre como un nuevo intento de avergonzarla; no comprendió que se trataba de una conversación sobre las reglas. Cuando Amy dijo «¿Por qué esta cerrada con llave?», Sasha interpretó «No me fío de ti» o «No eres lo bastante madura para tener la puerta cerrada con llave».

Así las cosas, supondría una gran ayuda que Amy hiciera algo para demostrar que respeta la intimidad de Sasha, aunque no le permita cerrar la puerta con llave. Al igual que la mayoría de los adolescentes, Sasha apreciaría que sus padres llamaran a la puerta antes de entrar en su habitación. Los adolescentes insisten en ello porque consideran que instaura un sistema relacionado con la intimidad. Aunque llamar parezca un acto nimio y poco importante, no sólo hace que nos sintamos respetados, sino que nos permite sentir que nuestra habitación nos pertenece realmente. Tu hijo estaría más dispuesta a respetar la regla de no cerrar con llave si supiera que siempre llamarás antes de entrar.

VETE A TU HABITACIÓN

Colin acaba de llegar a casa tras marcharse de la de Sasha. Por desgracia, se olvidó de llamar por teléfono para avisar a sus padres de que no iría a cenar. Sin darse cuenta de que se ha metido en un buen lío, Colin no saluda y sube directamente al estudio para ver el final del partido.

Deborah, la madre de Colin, oye que alguien entra en la casa y al cabo de unos minutos decide subir al estudio. Pregunta en tono enfadado:

—¿Por qué no has llamado para avisar?

Colin no comprende que se trata de un asunto serio, así que ni siquiera aparta la vista de la repetición de la última jugada. Furiosa, su madre apaga la tele y ordena:

—Vete a tu habitación.

Colin es consciente de que debería haber llamado, pero le da rabia perderse los últimos minutos del partido. De manera que tira el mando al suelo y se marcha a su habitación, mascullando en voz baja:

—¡Será borde!

Después da un portazo y se arroja sobre la cama.

Furiosa y ofendida, Deborah irrumpe en la habitación para regañarlo.

—¡Lárgate! ¡Ésta es mi habitación! Me enviaste aquí, ¿recuerdas?

—Que sea la última vez que me hablas así. Respétame. Soy tu madre.

—Lo siento —gruñe Colin—. ¿Puedes largarte, por favor?

—No, aún no he acabado.

—Me has enviado a mi habitación y te he obedecido. ¿Quieres hacer el favor de marcharte de mi habitación?

—Todas las habitaciones son mi habitación. Ésta es mi casa. Yo la compré. Así que mientras vivas bajo mi techo, harás lo que yo te diga. —Satisfecha con su respuesta, Deborah se marcha.

El problema suscitado por una situación semejante es que los adolescentes sienten que durante un minuto disponen de su propio espacio e intimidad... y al siguiente se les despoja de ellos. Para que los adolescentes puedan desarrollar su independencia necesitan disponer de su propio espacio e intimidad, además de una serie precisa de pautas y reglas. Cuando los padres modifican el sentido de una expresión como «tu habitación», los adolescentes se confunden sobre qué les pertenece y qué no, y la estructura que requieren desaparece.

Es verdad que Colin no debería haber regresado tarde sin avisar, que hizo caso omiso de su madre y que le faltó al respeto. Lo malo es que él considera que son detalles insignificantes en comparación con el pecado que su madre ha cometido. La interpretación de Colin es la siguiente: su madre se contradijo irrumpiendo en su habitación cuando se suponía que se trataba precisamente de su habitación, invadiendo su intimidad sólo para imponer su voluntad y tener la última palabra. Colin cree que si en esta ocasión su madre está dispuesta a invadir su espacio, no dudará en privarlo de toda su intimidad cuando se le antoje. Por lo tanto, no hay ningún motivo para que le obedezca la próxima vez.

CONSEJO

Los adolescentes han de tener la última palabra. Cuando Colin masculló «¡Será borde!», era su manera de acabar la conversación sin ceder terreno. Para los adolescentes, tener la última palabra es una manera de guardar las apariencias. Desgraciadamente, son los padres quienes han de morderse la lengua y marcharse —de momento—, porque es indudable que sus hijos no lo harán, y uno de vosotros ha de comportarse como un adulto.

No te pedimos que hagas caso omiso de la falta de respeto: los adolescentes han de saber que mandar a su madre a la mierda es inaceptable y que esta actitud no será tolerada bajo ninguna circunstancia. Pero lo mejor es que te marches y dejes que tenga la última palabra. Espera hasta que los dos os hayáis tranquilizado y entonces podrás enfocar el asunto con más calma e intentar resolverlo.

¡ORDENA TU HABITACIÓN AHORA MISMO!

Claire está sentada ante el ordenador un miércoles por la noche, en un chat con sus amigos. Lucy, su madre, entra sin llamar. Ve la ropa sucia tirada por el suelo, papeles y pañuelos de papel por todas partes, latas de refrescos vacías que están en la papelera y la cama sin hacer..., entre otras cosas.

—Claire, apaga el ordenador ahora mismo y ordena tu habitación. Esto es repugnante.

—¿No podrías haber llamado a la puerta? —se queja Claire.

—¡Tu habitación es una pocilga!

—Ya la ordenaré más tarde. —Claire sigue tecleando sin apartar la vista de la pantalla del ordenador.

—No, lo harás ahora mismo.

—Tranqui, mamá.

—Estoy perfectamente tranquila, Claire, pero esto es ridículo. Intento no meterme en tus asuntos, pero es que te estás pasando. No respetas las cosas que te compro. Las dejas tiradas por el suelo y ni siquiera te ocupas de ordenar tu habitación. Estoy harta.

—Es mi habitación y su estado no te incumbe, así que por una vez, no te metas en mis cosas. Y ahora, ¿quieres hacer el favor de dejarme en paz?

—Puede que sea tu habitación, pero ésta es mi casa. Trabajo muchas horas para que tú puedas disfrutar de una casa bonita y disponer de una habitación propia. Creo que ahora te toca ser respetuosa y mantener tu habitación limpia, como una persona civilizada. Además, ¿quién quiere vivir en una habitación mugrienta?

—¡Por favor, mamá! Me estás volviendo loca. Ahora no puedo ocuparme de eso. Después limpiaré, pero ahora márchate, por favor. ¡Esto empieza a ser inaguantable!

Un breve apunte antes de hablar del tema principal: aunque Claire no le da demasiada importancia, Lucy realmente debe aprender a llamar antes de entrar. Puede parecer un gesto insignificante, porque tu hija casi siempre te dirá que pases, pero es una muestra de respeto hacia ella y su intimidad, y si quieres que te obedezca cuando le pides que ordene su habitación, entonces has de demostrar que la respetas. Si no has llamado a la puerta y después dices: «Limpia tu habitación», sólo conseguirás que tu hija pase de tus palabras. Los adolescentes quieren ser tratados como adultos; ya no dejamos la puerta abierta todo el tiempo como cuando éramos pequeños y existe un motivo: queremos intimidad y queremos que la respetes, al igual que respetarías la intimidad de cualquier otra persona.

Bien, pasemos al tema principal: ¿quién decide el estado en el que debe estar la habitación de un adolescente? El dormitorio es el lugar más personal del que dispone, porque es el único espacio realmente propio, aunque tenga que compartirlo con un hermano o hermana. Considera que es él quien debe decidir cuándo limpiar su habitación, cómo limpiarla y todo lo relacionado con su espacio. Ahí es donde empieza el dilema. Mamá cree que es mamá quien decide, y Claire cree que es Claire.

En esta situación, el problema es que Lucy pierde los papeles. Quizás hacía días que quería hablarle a Claire del estado de su habitación, de modo que ahora ventila toda su frustración de golpe, de forma irracional. Al irrumpir en la habitación de su hija y decirle que ponga orden, Lucy empieza con mal pie. De esta forma sólo consigue que su hija no le escuche ni la obedezca. Puede que Claire piense «Y un pepino. Ahora estoy ocupada con algo importante, y limpiar la habitación puede esperar. Ya te he dicho que pienso hacerlo, así que déjame en paz».

Para conseguir que tu hija limpie su habitación debes enfocar la situación de otro modo. Por ejemplo: en vez de exigírselo, sugiéreselo o conviértelo en una broma. Si le ordenas que limpie la habitación o la amenazas (le dices que no puede salir hasta que haya limpiado la habitación), lo único que conseguirás es que no la limpie. Si no reacciona frente a tus exigencias más que razonables, entonces podrás empezar con las amenazas.

Amenazarla con no dejarla salir hasta que haya limpiado su

habitación a lo mejor funciona, pero resulta injusto si no se lo has advertido un par de días antes. Lo más probable es que Claire piense: «¡Será gilipollas! Por más que me amenace ahora, no siempre estaré bajo su control. Meteré la ropa debajo de la cama y esa vieja bruja ni siquiera se dará cuenta. Cree que soy estúpida, pero la estúpida es ella.» Ten en cuenta que se enfadará si siente que la amenazas de algún modo y en algún momento, se lo hayas advertido o no, pero la habitación al final acabará limpiándose.

Además, y dicho sea de paso, tu hija sabe cuándo su habitación está hecha un desastre: no es idiota. Lo que pasa es que a ella no le molesta vivir en una habitación desordenada y no comprende para qué debería malgastar tiempo y energía limpiando. Por lo tanto, digas lo que digas, es posible que no la limpie hasta que se harte y el desorden la desborde.

No conseguirás convencerla hablando; lo único que conseguirás es fastidiarla, sobre todo si haces un comentario cada vez que entras en su habitación. La verdad es que no debes concederle demasiada importancia al tema. Si tu hija vive en una habitación desordenada no pasa nada. Tampoco sirve de nada convertirlo en un tema más importante de lo que es. Cuantas más discusiones provoques, tanto menos te respetará. Evita que piense: «Otra vez con el mismo rollo»; lo que has de conseguir es que te respete.

Otro de los motivos por los cuales tu hija no reaccionará frente a exigencias como las de Lucy es que considera que la habitación es suya. La habitación de una adolescente es un lugar sumamente privado, y tu hija no cree que tengas derecho a decirle cuándo debe limpiarla ni cómo ha de comportarse cuando la ocupa. Cuando irrumpes y planteas esas exigencias, siente que han invadido su intimidad.

He aquí otra manera de enfocarlo, que tal vez resulte menos problemática.

—Claire, ya sé que en este momento estás ocupada, pero ¿te importaría limpiar tu habitación? Mañana tenemos visitas.

—¿Y qué importa eso? Los Kutnick ya saben cómo soy. ¿Para qué vamos a fingir que soy ordenada?

—Bueno, vale. Si no lo haces por ellos al menos hazlo por mí.

—No quiero.

—Lo siento, pero no te queda más remedio. No te digo que lo hagas ahora mismo, pero mañana tu habitación ha de estar limpia.

Sí, los adolescentes son altaneros. Lucy lo encaró perfectamente pero Claire se las compuso para ofenderla y ponerla incómoda. De un modo u otro, Claire recibe un mensaje claro: tiene que limpiar su habitación. Este otro guión ilustra una manera eficaz de enfocar el problema: Lucy no dice que Claire deba hacerlo en ese preciso instante; admite que no es una prioridad para ella y que puede hacerlo cuando quiera, a condición de que lo haya hecho al día siguiente.

Tu hija sabe por qué quieres que limpie su habitación, aunque te lo ponga difícil. Si resulta que al día siguiente Claire no la ha limpiado, Lucy debe recordárselo con suavidad. Puede que se haya olvidado del tema —lo sabemos porque nos ha ocurrido, porque no era una prioridad para nosotras— así que tenlo presente antes de enfadarte.

Es mi cuerpo, pero si quieres fisgarás

A medida que los adolescentes nos hacemos adultos, ya no son sólo nuestras habitaciones las que consideramos un asunto privado. De niños acudíamos a vosotros cada vez que nos hacíamos un rasguño o nos dábamos un golpe, pero ahora nuestro cuerpo también es un asunto privado y necesitamos que lo respetéis.

Es privado. La regla

UNA REACCIÓN MEJORABLE

Lindsay tiene doce años. Es un miércoles por la mañana. Loraine, su madre, acaba de despertarla para que vaya al instituto y la ha conducido hasta el baño, medio dormida. Al salir del baño, Loraine oye que Lindsay la llama. Su voz denota pánico. Loraine vuelve a entrar.

—¿Lindsay? ¿Qué pasa?

—Dios mío, mamá, me parece que me ha venido la regla... —El rostro de Lindsay expresa espanto y excitación, pero más que nada sorpresa.

—¡Oh, Lindsay! ¡Enhorabuena! Es fantástico, ¿verdad, cariño?

—Supongo que sí... —Lindsay rompe a llorar.

—¿Qué pasa?

—No sé... ¿Qué debo hacer? No quiero ir al colegio. No iré.

—No seas tonta, Lindsay. Tengo que ir a trabajar. Te diré lo que tienes que hacer y después te duchas rapidito, porque llegaremos tarde. —Loraine le da las cosas que compró para Lindsay hace un par de meses y rápidamente le explica cómo usarlas.

—¿Mamá?

—Sí, Lindsay.

—No se lo digas a papá.

—Vale, de acuerdo. Venga, date prisa. Tengo una reunión.

—Ya voy, ya voy. Espera... ¿Mamá?

—¿Sí?

—¿Qué les digo a mis amigas?

—No sé. No les digas nada. No es para tanto. Venga, ya hablaremos más tarde. Tengo que arreglarme para salir.

El problema es que Loraine demuestra una total insensibilidad ante lo que le está pasando a Lindsay. Es comprensible, dado que Loraine no puede llegar tarde, pero podría tomarse unos minutos y ayudar a Lindsay a superar la situación. Cuando Lindsay le dice que no se lo diga a su padre, su madre no le hace ni caso. Cuando Loraine dice «Vale, de acuerdo», quizá signifique «muy bien, lo prometo», pero lo que Lindsay oye es: «Me da igual que no quieras que papá se entere. No me importan tus sentimientos.» Como no comprende que para Lindsay es algo importante y privado, es bastante probable que acabe contándoselo a su marido.

La situación angustia a Lindsay y la actitud de Loraine no le ayuda; de hecho, puede que su indiferencia la hiera. Para Lindsay es un asunto muy importante. Cuando su hija le pregunta qué debe decirles a sus amigas, Loraine no le hace caso, ni siquiera parece comprender que este tema le preocupa.

Para una adolescente, la llegada de la regla, deseada o no, es un acontecimiento destacado. Si su madre le resta importancia y no se toma el tiempo de ayudarle a superar el trance, creerá que no le interesan sus sentimientos.

UN POCO DE COMPRENSIÓN DA PARA MUCHO

Cuando Lindsay la llama, Loraine vuelve a entrar en el baño.

—¿Lindsay? ¿Qué pasa?

—Dios mío, mamá, me parece que me ha venido la regla... —El rostro de Lindsay expresa espanto y excitación, pero más que nada sorpresa.

—¡Oh, Lindsay! ¡Enhorabuena! Es fantástico, ¿verdad, cariño?

—Supongo que sí... —Lindsay rompe a llorar.

—¿Qué pasa?

—No sé... ¿Qué debo hacer? No quiero ir al colegio. No iré.

—De acuerdo. No te preocupes. Por un día puedes llegar un poco más tarde. No pasa nada... Déjame que te explique esto...

Loraine le da las cosas que ha comprado para ella hace un par de meses y ambas las examinan.

—¿Mamá?

—Sí, Lindsay.

—No se lo digas a papá.

—¿Por qué?

—¡Porque no!

—Vale, no lo haré.

—Y mamá, ¿qué les digo a mis amigas?

—No hace falta que les digas nada. Nadie lo sabrá: es un asunto completamente privado. Tú decides si quieres contárselo o guardártelo para ti.

—¿Así que nadie se dará cuenta?

—No, nadie. Sólo lo sabrán si se lo dices. Puede que ahora te avergüence hablar de ello con tus amigas, pero pronto todas estaréis en la misma situación, bromeando y refunfuñando. Es algo que nos ocurre a todas. Sé que ahora mismo parece increíble, pero al cabo de un tiempo resulta mucho más fácil hablar del asunto.

—Si tú lo dices...

—Te lo prometo.

Es obvio que Lindsay sintió cosas muy contradictorias. Se sintió sorprendida porque ocurrió de manera inesperada, excitada porque es algo que le ocurre a todas las mujeres y nerviosa porque es algo nuevo e ignoraba cómo sería, pese a todo lo que le habían contado.

Algunas chicas se sentirán mucho menos trastornadas; quizás estaban preparadas del todo y encantadas de que ocurriera. Sin embargo, como puede causar bastante confusión, es muy importante que Loraine demuestre la mayor sensibilidad posible frente a Lindsay. Cuando Lindsay pregunta si puede quedarse en casa, Loraine no se limita a hacer caso omiso de sus palabras, se toma el tiempo necesario para decirle que es algo personal y privado, y que sólo le atañe a ella, y que en el colegio todo transcurrirá como siempre. En este caso, Loraine incluso comprendió que Lindsay necesitaría más tiempo del habitual para prepararse y le dijo que no importaba si llegaba más tarde al colegio.

Si tu hija se alegra, alégrate con ella. Si se siente afligida, no te aflijas con ella: trátalo con humor. Dile que sabes que es una lata e intenta animarla.

Evita transmitirle la impresión de que reacciona de manera exagerada. Quizá se trate de una de las cosas más extrañas que le ocurren a una adolescente, y cualquier reacción es válida.

Si le dices algo como: «Venga ya, no es el fin del mundo. Todas hemos de pasar por ello», tu hija interpretará: «Deja de comportarte como una niña pequeña.» Sonaría condescendiente, y tu hija creerá que la consideras inmadura o que no comprendes sus sentimientos. Es mucho mejor bromear y decir: «Nos ocurre a todas, y sé que es una lata, pero oye, ¡al menos sólo ocurre una vez al mes!»

Si ves que tu hija no quiere hablar de ello, no insistas. Si quiere olvidarlo, cambia de tema. Invítala a cenar, alquila una película, procura entretenerla. Si no quiere darle importancia, tú tampoco deberías hacerlo. Tú sólo has de estar allí para ella.

Las cosas pueden ser aún más complejas si tu hija tiene la regla mucho antes que sus amigas, o mucho después. En el primer caso, quizá la avergüence más decírtelo a ti o a sus amigas, porque no hay nadie de su misma edad con quien compartirlo y es algo que la diferencia de las demás. En el segundo supuesto, tal vez sienta que aún no ha madurado y realmente querrá tener la regla para no diferenciarse de las otras chicas. Un aspecto importante que determinará cómo se siente tu hija con respecto a la regla es su relación con sus amigas y las otras chicas del instituto. Como tantos otros asuntos relacionados con el colegio y el instituto, se trata de encajar. Nadie quiere quedarse fuera del grupo, y el momento en que te viene la regla puede provocar que sientas precisamente eso.

Lo que le ocurre al cuerpo de alguien es asunto suyo, y todo el mundo tiene derecho a manifestar hasta qué punto quiere que sea algo íntimo. Para las adolescentes, tener la regla es un asunto especialmente delicado y personal. En el caso de Lindsay era evidente; le preocupaba que las otras chicas lo supieran y no quería que Loraine se lo contara a su padre. Muchas chicas sólo se lo confiarán a su madre y a sus mejores amigas, o tal vez a una compañera no tan íntima a la que ya le haya venido la regla.

Todas las chicas sienten cosas diferentes con respecto a la menstruación y les preocupan aspectos diferentes de ésta. Es importante que prestes mucha atención a lo que dice tu hija, porque es el único modo de descubrir cuál es su reacción. Por ejemplo: si te pide que no se lo cuentes a su padre, no sólo significa que no quiere que él lo sepa, indica que prefiere que no lo anuncies públicamente. Querrá que trates todo el asunto de manera discreta, en cuyo caso has de respetar sus deseos.

La madre de Lindsay dijo algo realmente importante, sobre

todo para las chicas a quienes la llegada de la regla no les entusiasma, y es lo siguiente: «Aunque no lo creas, después de un tiempo resulta mucho más fácil hablar de ello.» Para quienes no se sienten felices por la llegada de la regla, o ni siquiera quieren que ocurra, resulta tranquilizador que alguien a quien ya le ha ocurrido les diga que con el tiempo se vuelve más fácil.

Incluso podrías reconocer que a ti te pasó lo mismo. En ese caso, dile a tu hija que todas las mujeres pasamos por ese trance y que es algo que todas comprendemos. Así, ella se dará cuenta de que tus consejos no son completamente anticuados y que puede confiar en ti con respecto a estos asuntos tan importantes.

¡VIVA LA DISCRECIÓN, MAMÁ!

Lindsay está en su habitación haciendo los deberes de mates. Su padre acaba de volver del trabajo y entra en la habitación.

—Enhorabuena, Lindsay.

—¿Qué?

—Ya sabes, enhorabuena por... eso —repite, un tanto incómodo.

—Gracias. —Lindsay se aparta, esforzándose por contener las lágrimas. Cuando su padre se marcha, Lindsay llama a su madre. Loraine se dirige a la habitación de su hija.

—¿Qué ocurre?

Lindsay está llorando.

—¡No me lo puedo creer! Se lo has contado a papá, y eso que te pedí que no lo hicieras. ¿Qué pasa? ¿Estás loca? ¡Jolines!

—Lo siento. Me preguntó por qué fuiste tarde al instituto, y se me escapó. No debería...

—No. No deberías. No me lo puedo creer. ¿Cómo

quieres que confíe en ti si sé que se lo contarás todo a papá? A lo mejor andas por ahí contando a todo el mundo todo lo que te digo.

—Lo siento, Lindsay. He metido la pata.

—Vete. Ahora no puedo hablar contigo.

—Sé que no te importan mis excusas, cariño, pero papá se alegra mucho por ti. Siento haber roto mi promesa. Nunca he revelado nada de lo que me cuentas en privado y jamás volveré a hacerlo.

—Vale, ya está, mamá.

Bien, te has delatado. Los padres se lo cuentan todo entre ellos. Da igual que tu hija te pida que le guardes un secreto: funcionáis como un todo. Pero tu marido metió la pata y tu operación encubierta ha acabado. Ahora ella sabe que lo que sabe uno, lo sabe el otro.

La primera vez que los adolescentes comprendemos que os contáis todo lo que nosotros os contamos nos sentimos bastante desolados. Da igual que no le hayas revelado a tu marido o a tu mujer algunas cosillas; has traicionado la confianza de tu hija y ahora cree que siempre lo has hecho.

Aquí se trata de la intimidad personal. Si un adolescente te confía algo, espera que seas discreto. Cuando no lo eres, tu hijo se siente absolutamente traicionado. La primera vez es la peor, pero con el tiempo los adolescentes comprenden que es lógico que funcionéis como un equipo y que compartáis la información.

Una vez que tu hijo lo descubre, es importante que le hables de ello. En el futuro puede haber cosas que quiera confiarte, pero no lo hará si no cree que puede confiar en ti absolutamente. Cuando tu hijo empiece a tener relaciones sexuales —si es que las tiene— necesitará confiar en ti al cien por cien para poder hablarte del asunto. Pero eso no llegará a ocurrir si hay un tema pendiente relacionado con la confianza, algo no resuelto desde que le contaste a tu marido quién era el novio de tu hija a los nueve años.

Eso significa que, una vez que se haya calmado un poco, debes explicarle por qué se lo confiaste a tu marido. Decir algo como «Se me escapó» no sirve, aunque sea la pura verdad. Quizá para ti signifique: «Fue sin querer. No tenía la intención de herirte», pero lo que tu hija interpretará es: «Tu secreto no era lo bastante importante como para respetar tu deseos, y es evidente que no respeto tu intimidad, así que más vale que lo superes, porque me parece una tontería.»

Cuando una adolescente te ruega que guardes un secreto, has de suponer que para ella es importante, de lo contrario no te lo pediría. Dejar que «se te escape» significa restar importancia a sus sentimientos.

Admite que cometiste un error y discúlpate por ello, pero también explícale que comprendes la importancia de sus sentimientos. Procura hacer todo lo necesario para que comprenda que no volverás a traicionar su confianza. Éste también es un buen momento para explicarle que hay ciertas cosas que no puedes mantener en secreto frente a su padre. Así, ella comprenderá qué repetirás y qué no, y podrá decidir qué te quiere contar.

En esta situación en concreto, convendría que Loraine admitiera haber cometido un error al contárselo a su marido, pero también es necesario que Lindsay sepa que su padre quiere estar informado de lo que le ocurre y que sólo se alegra por ella. Lindsay debe comprender que es normal sentir vergüenza, pero que no es necesario, y que tampoco hay que mantenerlo en secreto porque es una alegría que su padre querrá compartir con ella. Así verá que su padre también se interesa por su maduración, que está contento por ella y que quiere participar de lo que ocurre en su vida. Le sentará bien: siempre es bueno que te recuerden que tu padre te quiere.

Un último consejo: que el padre de Lindsay lo comentara

cuando se suponía que no lo sabía fue un error garrafal. Aunque a fin de cuentas es mejor que un adolescente sepa cómo funciona la comunicación entre sus padres, hubiera sido mucho mejor esperar a que Loraine le dijera a su hija: «Hay ciertas cosas que sí he de contarle a papá» o «¿Estás segura que no quieres que se lo cuente? Estoy convencida de que le interesará, y que se alegrará». En este tipo de situación, lo mejor es hablar de lo que ocurre: evitarás el secretismo y las discusiones acerca de la pérdida de confianza.

TU HIJO ADOLESCENTE NO ES INVISIBLE

Sabemos que no tenemos derecho a oír o enterarnos de todo lo que ocurre en vuestras vidas, pero no esperéis que no hagamos preguntas. Así que si decidís hablar de asuntos personales delante de nosotros, también debéis estar dispuestos a entrar en detalles. O por lo menos sed conscientes de que os interrogaremos. Eso significa que no podéis iniciar una conversación con vuestra pareja o la persona que se sienta a vuestro lado si no estáis dispuestos a compartir la historia con todos los adolescentes que comparten mesa con vosotros. Es bastante sencillo. Si no queréis que nos enteremos, no lo comentéis delante de nosotros.

A fin de cuentas, vuestros hijos adolescentes no comentan en vuestra presencia nada que no deseen que sepáis. Así que la próxima vez que empecéis una conversación en presencia de vuestro hijo adolescente y éste pregunte: «Espera, ¿qué pasó?», recordad que no basta con responder: «Nada, no te preocupes.»

Cuando las bromas hacen daño

Respeta la intimidad de tu hijo y respétalo como persona, y recuerda que hay límites que no debes traspasar. Todos los padres se burlan de sus hijos, y todos los adolescentes se burlan de sus padres. Pero al igual que con cualquier otra cosa, si no respetas o ni siquiera tienes en cuenta los límites, las bromas pueden ir demasiado lejos y hacer daño u ofender. De repente ha dejado de dirigirte la palabra o llora en vez de reír, cuando tú consideras que le has dicho lo mismo que le has estado diciendo durante años. He aquí algunas situaciones y consejos para no pasarte con las bromas.

«SI LO REPITES OTRA VEZ...»

Meg tiene catorce años y va a clases de violín. Sólo hace un año que toca y sabe que aún no lo hace muy bien, pero le gusta y cree que va mejorando. Cuando ensaya, Harry, su padre, suele hacerle bromas sobre los chirridos que produce. Meg se ríe con él, porque sabe que hace chirriar las cuerdas, pero llega un momento en que las bromas ya no le parecen graciosas en absoluto.

Es sábado por la tarde y Meg está ensayando en su habitación con la puerta cerrada. Cuando su padre entra se pone un poco nerviosa porque no le gusta que la oiga ensayar.

—No quiero molestarte, Meg. Sólo necesito algunas hojas de papel para el ordenador.

—Vale. —Meg juguetea con la partitura: no quiere tocar el violín hasta que su padre se haya marchado.

—Tú sigue, que enseguida me marcho.

Meg empieza a tocar.

—Habría que echarle un poco aceite a esas cuerdas, ¿no te parece?

—Lo que tú digas, papá.

—Suena como un frenazo repentino... ñññiiieeccc. —Harry le pega un codazo juguetón.

—Eres un estúpido.

—¿Perdón? ¿Qué me has dicho?

—Estúpido —dice Meg, mirándolo directamente a los ojos.

—Eso es intolerable, jovencita. ¿Cómo se te ocurre llamarme estúpido? Modera tu lenguaje y tu conducta. Me has faltado al respeto.

—¿Que yo te he faltado al respeto? ¿Y tú, qué? Es increíble, ni siquiera te das cuenta de lo que haces... —prosigue Meg en voz baja.

—¿Qué es lo que hago y no me doy cuenta? Puedes preguntármelo en voz alta, no hace falta que masculles.

—¿De verdad lo quieres saber?

—Sí.

—Vale. Cada vez que te burlas de mí cuando estoy ensayando, me siento fatal. ¿Te basta como respuesta? Y ahora haz el favor de marcharte.

—¿Hablas en serio? No me daba cuenta...

—¿Quieres hacerme el favor de salir de mi habitación?

—No, hemos de hablar de esto.

—¡No! ¡No hay nada de que hablar! ¡Vete!

Como Harry entró y le dijo a Meg que siguiera tocando aunque ella no quería ensayar en presencia de él, Meg creyó que podía confiar en su padre. Harry le dijo que no quería molestarla y después se burló de ella por la cara. Ahora Meg cree que Harry sólo quería que tocara para burlarse de ella. Eso no aumentó su autoestima precisamente, y empeoró las cosas aún más.

Harry logró que le contara qué ocurría y ahora quiere hablar de ello: es un error, eso no funcionará. Cuando Meg le cuentá qué la molesta y le advierte que ahora no quiere hablar de ello, Harry debe marcharse. Meg está furiosa y no quiere entrar en detalles, así que lo mejor sería que su padre se marchara cuando Meg se lo pide, y hablar cuando se haya tranquilizado. Entonces podrán mantener una conversación útil en vez de chillarse, ponerse a la defensiva y no comprender lo que el otro está diciendo.

En un caso como éste, cuando un adolescente no manifiesta qué le ocurre, será difícil descubrir cuál es el problema antes de que estalle y te lo diga. La única manera de mejorar esa situación es modificar tu reacción cuando te insulta o te chilla. Pero para evitar que las cosas lleguen hasta ese punto, deberás descubrir si las bromas que le haces le molestan..., y no será fácil, porque los adolescentes prefieren fingir indiferencia. Así que además de modificar tu actitud si descubres que algo va mal, lo mejor es que procures ser un poco más comprensivo.

Si notas que tus bromas están afectando a tu hijo o que reacciona mal, debes preguntarte si no habrás ido demasiado lejos. Es más, de vez en cuando deberías preguntarle si le molestan tus bromas y aclararle que sólo se trata de eso: de una broma. Si logras que comprenda que puede expresar lo que siente porque tú quieres saber la verdad, obtendrás una respuesta sincera.

Recuerda que a un adolescente no siempre le resulta fácil confesar a sus padres que algo le molesta, sobre todo si no quiere herirlos. Preguntar es bueno, pero aún mejor es no dejar de tener presente la reacción de tu hijo.

UNA SEGUNDA CONVERSACIÓN: «¿PODEMOS HABLAR? QUERÍA DISCULPARME.»

Esa misma noche, Meg está viendo la tele en el salón cuando Harry se acerca para disculparse por lo de antes.

—¿Podemos hablar? —dice Harry, sentándose en el sofá.

—Es evidente que tú puedes. Eres un bocazas.

—Entiendo que estés enfadada, pero de verdad que no tenía intención de ofenderte. Sólo quería gastarte una broma, y desde luego que no pretendía burlarme de tu interpretación o tu esfuerzo.

Meg permanece en silencio y va cambiando de canal rápidamente.

—Comprendo que estés dolida y lo siento muchísimo. Me paso la vida tratando de evitarte cualquier dolor, así que te imaginarás lo mal que me siento. Pero en este caso, yo no soy la víctima. Sólo quiero decirte que lo lamento y que en el futuro procuraré no decir más estupideces. ¿De acuerdo?

—Como quieras. Me da igual.

Puedes mantener este tipo de segunda conversación en cualquier circunstancia. No es necesario que sea el mismo día; podría ser a la mañana siguiente o incluso más adelante. La clave consiste en que tu hijo te escuche y esté dispuesto a hablar. Si entras en su habitación y se niega a mirarte, será mejor que esperes y vuelvas a intentarlo más adelante. A lo mejor nunca se presenta el momento oportuno, quizá tu hijo nunca inicie la conversación y te confíe lo que siente, pero al final tendrás que hablar y esperar que todo salga bien.

Aunque tu hijo no reaccione, es importante que le digas algo, porque quizá te escuche, al margen de si acepta o no tus disculpas. Pero no esperes que sea una conversación como las que tienen los padres con sus hijos al final de las series de televisión. Tal vez tu hijo te escuche, pero no sonará una musiquilla tonta ni habrá abrazos y sonrisas.

Evita que parezca que eres tú quien merece compasión. El que tú te sientas fatal por lo que has hecho no significa que ella deba sentirse mal por ti. Así que cuando Harry dice «Me paso la vida tratando de evitarte cualquier dolor, así que te imaginarás lo mal que me siento» casi lo echa todo a perder, pero por suerte se redime diciendo «Pero en este caso, yo no soy la víctima».

LAS PEORES BURLAS

Nunca te burles de algo que nos haga sentir inseguros, por ejemplo, del desarrollo de nuestro cuerpo en comparación con el de otros adolescentes.

No te burles de nosotros delante de nuestros amigos. Eso nos cohíbe mucho. Puede que reaccionemos con una sonrisa, pero lo normal es que eso sólo sea una pose. Y es aún peor hacerlo delante de un amigo/a nuevo/a, o de un novio o novia.

No repitas una broma. Dila una sola vez. Puede que la primera vez tenga gracia, pero no la segunda.

(Otro consejo: si cambia de canal muy rápidamente, eso indica que te está escuchando, porque no está concentrado en ningún programa en especial. Si está viendo un programa tampoco significa forzosamente que no te escuche, pero si está viendo su programa favorito, es mejor que esperes.)

Eso no entra en los esquemas adolescentes

«¡QUÉ GROSERÍA!»

Kevin tiene trece años. Es sábado por la tarde y él y su padre, Louis, acaban de regresar de jugar al béisbol. Kevin aún lleva puesta su camiseta sudada y está comiendo algo en la cocina. Louis entra y le da un paquete con tres barras desodorantes.

—¿Qué es esto? —pregunta Kevin con expresión de asco.

—Desodorante. Puedes quedarte con dos barras y probarlo.

—¡Qué grosería, papá!

—¿Qué he hecho?

—¿Por qué no dices «hueles que apestas»?

—¡Oye, Kevin! ¡No se trata de eso! Pensé que te gustaría probarlo.

—Papá, eso lo decidiré yo por mi cuenta. No es necesario que me insultes, ¿vale? —replica Kevin, y se marcha furioso.

Aunque quizás este asunto quede olvidado en un par de días y Kevin incluso empiece a usar desodorante, es una mala manera de enfocar la situación. Louis no debería haberle comprado desodorante a Kevin. Debería dejar que Kevin decidiera cuándo usarlo. En este caso, Kevin se ofendió porque cree que Louis había dicho algo negativo sobre él.

SUTILEZA, LA SEGUNDA VÍA

Kevin y Louis vuelven a casa después de jugar al béisbol un sábado por la tarde. Louis quiere comentarle una cosa.

—Kev, ¿te importa que te haga una pregunta?

—¿Qué?

—¿Usas desodorante?

—No... ¿Por qué lo dices?

—Por nada. Pensé que quizá podrías ponerte desodorante antes de jugar, y también en general, cada día. Ya sabes, para ir adquiriendo la costumbre.

—¿Intentas decirme que apesto? Porque no estás siendo muy sutil.

—No, no es eso. Lo que digo es que cuando te haces mayor, sudas más. Sólo era una idea. No me gusta la gente que huele, y supongo que a ti tampoco. Todo el mundo tiene que ponerse desodorante en algún momento. Pensé que si empiezas a usarlo ahora y te vas acostumbrando, después no será un problema.

—Vale. De acuerdo.

Esta conversación salió de maravilla porque Louis no convierte el tema en un asunto trascendental. No se trata de algo urgente ni tiene relación con la seguridad: es un tema «intrascendente», así que lo mejor es tratarlo como tal. Louis lo enfoca de manera natural y no hace ningún comentario negativo.

Deja la decisión en manos de Kevin y no le dice que necesita ponerse desodorante. Es importante que Louis no le dé importancia, porque para algunos adolescentes éste puede ser un tema delicado, y su hijo podría haberlo interpretado como una ofensa. Louis también lo convirtió en algo general diciendo que todos los cuerpos cambian y que todos deben pensar en ponerse desodorante en algún momento. De esta manera Kevin no se sintió insultado ni atacado. Lo más probable es que se sintiera cuidado por su padre.

En el otro extremo del espectro, es perfectamente posible que tu hijo quiera ponerse desodorante mucho antes de que sea necesario. En ese caso, déjalo hacer (o déjala, aunque en el caso de las chicas no suele ser un problema). No le hará daño y si así se siente más maduro o le ayuda a encajar en el grupo, deja que se ponga desodorante cuando le venga en gana. Servirá para aumentar su confianza en sí mismo.

Fisgonear: una pésima idea

O PODRÍAS HABÉRMELO PREGUNTADO

Sally acaba de hablar con su amiga Margot. Ambas tienen hijas adolescentes que están en el mismo curso en el instituto. Margot le dice a Sally que su hija Marianne ha estado estudiando para un examen de ciencias de la clase de la señora Howard. Ésta también es la profesora de la hija de Sally, pero curiosamente, su hija no ha mencionado ningún examen inminente. Sospechando que su hija se lo está tomando con demasiada calma, Sally decide tomar medidas.

Para asegurarse de que su hija también tiene un examen, Sally hurga en la mochila de su hija en busca de su agenda, sólo para descubrir que suspendió el último examen de ciencias. Furiosa porque Dana no se lo ha contado, Sally se apropia del examen y vuelve a meter la agenda en la mochila, pero se olvida de comprobar si tiene examen de ciencias. Cuando Dana regresa a casa después del cine, Sally la espera en la puerta. Irritada porque Dana decidió ir al cine en vez de estudiar, Sally le muestra el examen.

—¿Qué es esto? —pregunta Dana en tono insolente.

—No sé, dímelo tú.

Dana mira el papel y se sorprende al ver que es el examen de ciencias.

—Por eso no quería enseñártelo. Ya sabía cómo reaccionarías. ¿Dónde lo encontraste?

—En tu mochila —contesta Sally.

—¿Así que ahora te dedicas a espiarme? Pues adelante. Yo no necesito intimidad, ¿verdad? Sólo soy una estúpida adolescente.

—Tus asuntos son mis asuntos, sobre todo si se trata del instituto. No estás tomándotelo en serio y eso me preocupa.

Como no sabe qué contestar, Dana se marcha. Sally la sigue hasta su habitación, indignada por la falta de respeto de su hija.

—Y por cierto, será mejor que te pongas a estudiar porque quiero que saques un sobresaliente en el examen de mañana.

—No tengo examen, tía lista. ¿De dónde sacaste eso?

—¡No me mientas y no seas insolente! Marianne también es alumna de la señora Howard y ha estado empollando toda la semana para el examen de mañana, el mismo que has de pasar tú. De modo que te sugiero que te pongas a estudiar.

—Marianne hace el curso de ciencias normal. Yo hago el intensivo. Así que te lo repito una vez más: no, mañana no tengo examen. Haz el favor de marcharte de mi habitación.

Un tanto avergonzada, Sally decide esquivar la situación y se marcha.

Algunos padres no comprenden que para una adolescente, una cosa tan sencilla como una agenda es algo íntimo y personal. Cuando Sally confesó que había estado mirando en la mochila de Dana, ésta lo interpretó como: «No respeto tu intimidad, por lo tanto no te respeto a ti.» Aunque es mejor que haber mentido, Sally debería saber que no debía hacerlo.

Quizá pienses lo siguiente: «Bueno, ¿entonces cómo puede saber si su hija suspende los exámenes? Si no lo descubre, no podrá evitarlo en el futuro.» Es muy sencillo: hay que preguntar. Cuando los padres optan por fisgar entre las cosas de sus hijos, están levantando una barrera entre sí mismos y ellos. Para un adolescente es más difícil hablar a sus padres sobre el instituto u otros asuntos si cree que sus padres han oído hablar de ello en otra parte.

(Los adolescentes no deberían sentir la necesidad de ocultar sus notas a sus padres, pero a veces lo hacen. En el Capítulo 2: «Acéptalo: ¡no iré a Harvard!» hablamos de las exigencias académicas.)

CONSEJO

No digas cosas como «Tus asuntos son mis asuntos» o «Todo lo que haces es asunto mío». Así sólo conseguirás que tu hijo sienta que no tiene un espacio propio.

Además (aunque parezca mentira), no todo es asunto de los padres.

Incluso cuando se trata de las calificaciones, hurgar en la mochila de tu hija no es en absoluto aconsejable. A algunas nos gusta anotarlo todo en nuestras agendas y diarios. Todo el mundo sabe que supone una ayuda para enfrentarnos a problemas y no podemos escribir con libertad si creemos que fisgonearéis y leeréis nuestras anotaciones privadas.

TIENES UN E-MAIL... Y PROBLEMAS

Ali, la hija de catorce años de Anne, es una «adicta» a Internet. No deja de intercambiar correos electrónicos y mensajes instantáneos con sus amigos. Anne siempre se ha preguntado qué contienen esos correos y hoy se le presenta la ocasión de averiguarlo: esta mañana, cuando Ali ha ido al instituto, se ha dejado abierto el correo.

Anne decide comprobarlo. Se justifica a sí misma diciendo: «Si algo le ocurre a Ali, es mi responsabilidad averiguar de qué se trata y ayudarla.» Anne empieza a leer los mensajes y en ese momento el ordenador se cuelga.

Si deja el ordenador como está, Ali verá que ha abierto los correos. Anne ignora la contraseña de Ali, así que no puede cerrar el programa y volver a cargarlo. Las pruebas están allí. ¿Qué hará?

Anne decide mentir. Cuando Ali llega a casa le dice que esta mañana, como vio que el ordenador estaba encendido lo apagó, porque es una buena madre. Ali murmura «gracias» y se marcha.

Más tarde, Ali vuelve a conectarse a Internet. Después de comprobar el correo, una amiga le envía un IM que pone «Ali, ¿recibiste mi correo? ¿No te parece una idea genial?». Ali no comprende de qué correo está hablando porque no hay correos en su bandeja de entrada. Mira los correos ya leídos... y ahí está.

La primera reacción de Ali es pensar que quizás estaba cansada y que ya no se acuerda de haberlo leído. De todas formas decide comprobarlo para asegurarse de que no está loca y lee la línea de estado del correo, donde pone: «Leído a las 9.35 h», es decir, cuando ya estaba en el instituto. Llega a la única conclusión posible, corre escaleras abajo y se enfrenta a su madre.

—¿Cómo te atreves a leer mis correos? ¿Quién te crees que eres? ¡Ésos son mis asuntos privados, no los tuyos! —chilla a pleno pulmón.

—Oye, no te alteres. Ya te he dicho que te hice el favor de apagar el ordenador. No toqué nada más.

—¿Crees que soy estúpida? ¿Por qué me mientes? ¡Alguien leyó mis correos a las 9.35 h y no fui yo, no fue el perro, así que es evidente que fuiste tú! ¡Has vuelto a invadir mi intimidad y esta vez tengo pruebas!

—De acuerdo, tienes razón. Te he mentido. Pero el único motivo por el que leí tus correos fue para protegerte y asegurarme de que no te pasa nada malo. Ya casi no me cuentas nada, así que quería comprobarlo.

Como es lógico, eso no calma a Ali ni mucho menos.

—¿Ni siquiera reconocerás que has cometido un error? Deja de justificarte y al menos discúlpate. Has violado mi intimidad. ¡Es la última vez que te cuento algo! —chilla Ali, antes de salir corriendo hacia su habitación y cerrar de un portazo.

Algunos padres no comprenden por qué sus hijos arman un escándalo si les leen el correo. Bueno, debes considerar que el correo electrónico es como un diario, e incluso que se trata de algo aún más íntimo. El adolescente siente que invades su espacio personal al leerlo —y lo es, aunque sea un espacio virtual—. Pero el correo es lo que intercambia con sus amigos, de modo que no sólo invades su intimidad sino también la de sus amigos.

Cuando Anne dice «Sólo quería asegurarme de que no te pasa nada malo» Ali interpreta: «Sólo invento una excusa por hacer algo absolutamente inadecuado. Me niego a reconocer que me equivoqué.»

Evita que tu hijo adolescente sienta que debe adoptar el papel de padre o madre y exigirte que te disculpes o reconozcas tu error.

En todo caso, te recomendamos que confieses inmediatamente y le des un ejemplo mostrándote sincera con él. De lo contrario, no esperes que él lo sea contigo.

De haber actuado con inteligencia, Anne habría sido sincera desde el principio.

UN ENFOQUE MEJOR

—¿Cómo te atreves a leer mis correos? ¿Quién te has creído que eres? ¡Ésos son mis asuntos privados, no los tuyos! —chilla Ali.

—Tienes razón. No debí leer tu correo. Lo siento mucho. Ya nunca me cuentas nada y lo hice porque estoy preocupada por ti, pero eso no es un motivo. Fue un error y te pido disculpas.

—¿Qué te hizo creer que no te descubriría? ¿Me tomas por imbécil? ¿Crees que me das un buen ejemplo fisgoneando y mintiendo?

—No, no creo que seas imbécil y me alegro de que me hayas descubierto, porque supone una lección. En primer lugar, no debería haberte mentido —dice Anne sin alterarse.

Ali se marcha furiosa.

Ali se marcha porque ya no hay nada más que decir. Anne lo reconoce todo y a Ali no le quedan argumentos para atacarla. Anne se disculpa y reconoce su error.

Anne no debe esperar que Ali se limite a decir: «Vale, mamá, no tiene importancia. Te quiero», porque las cosas no funcionan así. En una situación como ésta, lo lógico es que tu hija se enfade y permanezca enfadada durante unos días. Acabas de invadir su espacio. En tu casa, el correo electrónico y las otras cosas que escribe se encuentran entre sus escasas pertenencias personales. Y apropiarte de ellas es muy grave.

En ambas situaciones, Anne dice que su motivo fue que Ali ya no le cuenta nada de su vida, pero hay una gran diferencia entre ambas. En la primera Anne lo utiliza como una excusa para justificar sus actos y pedir comprensión. Es lógico que para Ali toda la conversación resulte contaminada; lo que interpreta es: «Nunca me cuentas nada, así que en el fondo la culpa de lo ocurrido no es mía, sino tuya.» En el segundo, utiliza el mismo motivo para justificarse, pero reconoce que lo que hizo fue un error. Quizás Ali crea que fue el motivo por el cual su madre fisgoneó, pero jamás considerará que estaba justificada. Intentar justificarlo sólo la enfadará todavía más. Sin una disculpa, la explicación es inútil.

Además, no olvides que si optas por reconocer que te equivocaste, no has de volver a hacerlo. La próxima vez que te descubran quizá no se monte un follón, pero a lo mejor tu hija empiece a simular que no existes, y eso puede prolongarse durante bastante tiempo.

Ali sabe mucho más acerca del funcionamiento del correo electrónico que Anne, e incluso si Anne cree que ha borrado las pistas, lo más probable es que no sea así. Si Anne no le dice lo que ha hecho antes de que Ali lo descubra, las cosas sólo empeorarán. De modo que si te encuentras en esta situación, lo mejor que puedes hacer es lo siguiente.

EL ENFOQUE MÁS ADECUADO

Anne decide que lo mejor es confesar la verdad, porque sabe que Ali probablemente descubrirá que leyó su correo electrónico. Cuando Ali vuelve a casa, Anne decide aprovechar la oportunidad para explicar a su hija qué hizo y por qué, antes de que lo descubra por sí misma.

—Ali, quiero decirte una cosa y quiero que me escuches, ¿de acuerdo? Déjame terminar y después me contestas, ¿vale?

—Sí, vale. ¿Qué pasa?

—Pues esta mañana fui a limpiar tu habitación y vi que el ordenador estaba encendido. Últimamente no nos hemos comunicado mucho y tú siempre estás pegada a la pantalla del ordenador, así que tomé una mala decisión y leí tu correo. Sólo leí uno, y punto. No debería haberlo hecho, pero lo hice y lo siento. Sólo quiero que sepas que sé que cometí un error y que lo siento. Sé que debo recuperar tu confianza y espero que me dejes hacerlo.

A estas alturas, Ali adoptará una de estas dos actitudes: se marchará porque está demasiado desconcertada y decepcionada para hacer otra cosa, o te dirá gritando todos los motivos por los cuales no debería decirte nada (véase arriba).

En cualquier caso, lo hecho, hecho está. Pero en este guión, Anne sabe jugar sus cartas. No se alaba a sí misma por ser sincera, porque en primer lugar no debería haberlo hecho, y Ali de todas formas no dejará de señalárselo. Le demuestra a su hija que sabe que cometió un error y que procurará no repetirlo.

Un último consejo acerca del correo electrónico y los mensajes: no te asomes por encima del hombro de tu hija cuando escribe a sus amigos en el ordenador. También es una invasión de la intimidad, y es algo realmente odioso.

2

«ACÉPTALO: ¡NO IRÉ A HARVARD!»

Cómo sobrevivir al instituto con tu hijo adolescente

Los padres suelen suponer que el primer año de instituto es el año de transición, el único período en el cual es «razonable» que los adolescentes tengan que esforzarse para adaptarse al volumen de trabajo, al entorno social y a las actividades extracurriculares. Lo que a veces olvidan es que cada curso presenta nuevos desafíos, ya sean los Exámenes de Aptitud o encontrar un acompañante al baile del instituto, y a veces los antiguos tampoco han desaparecido.

Al igual que ayudar a su hijo adolescente a salir airoso, el objetivo de los padres consiste en reducir estas exigencias y preocupaciones. Si no apoyan a sus hijos durante la transición que suponen los años del instituto, quizá se vean sometidos a un estrés innecesario y dañino.

Hemos pasado por ello y, después de comentarlo con nuestros amigos, conocemos las mejores y las peores maneras de gestionar las exigencias a las que se enfrenta tu hijo. En este capítulo, presentaremos el modo de ayudarle a enfrentarse a las malas notas en biología y cómo evitar decirle aquello que evitará que se matricule en la universidad que has elegido para él.

Manzanas, naranjas y la radio macuto

En el Capítulo 1 hemos comentado el tema del fisgoneo en el caso de Sally y su hija Dana. En esa conversación surgió otro asunto relacionado con la intimidad: hablarle a otros padres de tu hijo.

Una cosa es que los adolescentes se enfrenten a la competición con sus iguales en el instituto: saben que es algo normal, pero cuando sienten que no pueden evitar la competición porque forma parte de su vida en casa, su confianza en sí mismos corre peligro. Cuando sus padres comentan su progreso con otros padres, muchos adolescentes lo perciben como una competición. Los padres no parecen darse cuenta de que sus hijos adolescentes se sienten comparados: aunque sólo les preguntes si Johnny está en la clase avanzada de mates, sentirán una presión.

Más abajo, Sally y Dana mantienen la misma conversación de antes, pero esta vez adopta un giro diferente.

«¿LE HABLASTE DE MÍ A SU MADRE? ¡TRAIDORA!»

Sally acaba de hablar con su amiga Margot. Las hijas de ambas van al mismo curso en el instituto. Margot le cuenta a Sally que su hija Marianne ha estado estudiando mucho para un examen de ciencias de la clase de la señora Howard. Ésta también es la profesora de la hija de Sally, pero, curiosamente, su hija no ha mencionado ningún examen inminente. Sospechando que su hija se lo está tomando con demasiada calma, Sally decide tomar medidas.

Primero, y para comprobar si su hija también tiene un examen, Sally busca la agenda de Dana en su mochila y encuentra el anterior examen de ciencias, que suspendió. Se enfada porque Dana no le dijo nada de la nota y se apropia del examen. Vuelve a poner la agenda en la mochila, pero olvida comprobar si tiene otro examen. Cuando Dana regresa del cine, Sally la espera en la puerta. Indignada porque Dana decidió ir al cine en vez de estudiar, le muestra el examen.

—¿Qué es esto? —pregunta Dana en tono insolente.

—No lo sé, dímelo tú.

Confundida, Dana coge el papel doblado y se sorprende al ver que es su examen de biología.

—Por eso no quería enseñártelo. Ya sabía cómo reaccionarías. ¿De dónde lo has sacado?

—De tu mochila.

—¿Así que ahora te dedicas a espiarme? Pues adelante. Yo no necesito intimidad, ¿verdad? Sólo soy una estúpida adolescente.

—Tus asuntos son mis asuntos, sobre todo si se trata del instituto. No estás tomándotelo en serio y eso me preocupa.

—No tengo ningún examen, tía lista.

—¡No me mientas! Margot me dijo que Marianne ha estado estudiando toda la semana para el examen de mañana. Así que más vale que te pongas a estudiar.

—Marianne está en el curso normal de ciencias. Yo hago el intensivo.

Un tanto avergonzada, Sally se marcha.

Por desgracia, Dana no ha acabado.

—En serio, no puedo creer que hayas estado hablando de mí a mis espaldas. Si quieres que me vaya bien en los estudios, no puedes convertirlos en una competición entre tú y tu patética amiga Margot. Se trata de mí, no de tú y ella.

Sabemos que Dana está enfadada porque su madre registró su mochila y porque se avergüenza de su suspenso. Pero ¿por qué le duele tanto que Sally hable con otros padres?

Los adolescentes perciben tus conversaciones con otros padres como una oportunidad para comparar sus logros y presumir. Cuando un adolescente recibe una mala nota, teme que todos los padres se enteren. En este período, los adolescentes no dejan de pensar en cómo los ven los demás, ya sean sus padres, otros padres, o sus propios compañeros.

Dana se ha sentido herida porque cree que su madre no confía en ella y, lo que es aún más importante, no quiere que la comparen con Marianne. Quizás ha pensado que si su madre confiara en ella, no andaría preguntando a los padres de sus amigos.

Dana sabe que debería haber informado a su madre sobre el suspenso del último examen de biología, pero quizá no estaba preparada para enfrentarse a ella. A lo mejor necesitaba tiempo para hablar con la profesora y descubrir cómo mejorar la nota antes de decírselo.

Quizá pienses que no debería suponer un problema, pero la verdad es que para un adolescente resulta muy difícil hablar de las notas o cualquier otro asunto con sus padres. Valoramos vuestra opinión, y no soportamos ver vuestra decepción si nos ponen una mala nota. Lo mejor es que le digas a tu hija que no estás ahí para juzgarla sino para ayudarla, y sólo lo lograrás comunicándote directamente con ella.

Todos los adolescentes saben que es imposible evitar el tema de «¿Cómo le va a tu hijo en el instituto?» al hablar con otros padres, pero también necesitan saber que te limitas a hablar, no a sacar los trapos sucios ni a cotillear. Tu hijo debe comprender que existe una diferencia entre hablar de su vida e investigarla, y que tú lo sabes. Aquí la clave es la confianza.

Los siguientes desarrollos muestran diversos enfoques más positivos.

UNA VEZ MÁS, SIEMPRE ES BUENO PREGUNTAR

Margot le dice a Sally que Marianne está estudiando para el examen de ciencias de la clase de la señora Howard. Como le preocupa que su hija esté pasando de todo, Sally decide preguntarle a Dana directamente. Después de todo, Marianne y Dana son dos personas diferentes y estudian de manera diferente.

—¿Qué tal el instituto?

—Bien.

—¿Tienes algún examen?

—No, ¿por qué?

—Por curiosidad. Hoy, al hablar con Margot, me dijo que a Marianne este curso le cuesta bastante. Sólo quería asegurarme de que tú no tienes problemas.

—No, no los tengo. Marianne exagera para poder echarle la culpa al estrés cuando le ponen malas notas.

—Dijo que la señora Howard pondrá un examen de ciencias muy difícil. ¿Tú también has de hacerlo?

—No.

—De acuerdo. ¿A ti también te cuesta este curso?

—Pues sí, nos aprietan mucho. Intentaré hablar con la señora Howard la semana que viene.

—Buena idea. ¡Parece que te han tocado mis genes! Papá podría ayudarte. Siempre se le han dado bien las ciencias. Si puedo hacer algo por ti, dímelo.

Éste es un ejemplo de buena comunicación entre madre e hija. Como la actitud de Sally ha sido alentadora y abierta, Dana ha reaccionado de manera positiva. Sally no la ha acusado de nada, como en la conversación del Capítulo 1. Como su madre le ha dicho que quería asegurarse de que no tenía problemas, Dana no ha tenido inconveniente en compartir sus dificultades porque ha sentido que en vez de criticarla, su madre la ayudaría. Cuando Sally le ha dicho que sólo quería asegurarse de que no tenía problemas, Dana ha interpretado: «Me importas» y no «¿Por qué no estudias más, como Marianne?».

Además, si le dices a tu hija que has pasado por lo mismo, como ha hecho Sally, entonces tu hija sentirá que le quitas un peso de encima y la comprensión será mutua. Es un buen sistema para comunicarte con tus hijos y hacer que se sientan cómodos al compartir información.

Una buena manera de comprobar si tu hija ha sacado provecho de la conversación es retomar el tema al cabo de una semana. (Pero deja pasar una semana. Si insistes, interpretará: «No me fío de que estudies, y debo seguir recordándotelo.») Si intentaste el enfoque anterior y la cosa salió bien, en la segunda conversación puedes ser más directa. Podrías preguntarle cómo le fue la conversación con la profesora, o algo parecido.

Pero a lo mejor crees que la conversación fue bien, cuando en realidad no fue así. Quizá Dana comprendió el mensaje de Sally, pero tu hijo tal vez no. Cada adolescente reacciona de un modo diferente, así que las cosas no siempre funcionarán como en el caso de Dana y Sally. Es posible que tu hijo se ponga a la defensiva cuando le preguntes si el curso le resulta difícil. Tal vez te conteste algo como: «¿Por qué? Claro, lo dices porque soy tonto, ¿verdad?»

Tú eres quien mejor conoce a tu hijo, así que si crees que te atacará si le hablas directamente, intenta un enfoque más indirecto. Quizá no sea lo más adecuado para los chicos a quienes les cuesta comprender un mensaje subyacente, pero si tienden a ponerse a la defensiva, lo siguiente podría funcionar.

LA SUTILEZA TAMBIÉN PUEDE RESULTAR AGRADABLE

Como cree que su hija está pasando de sus estudios, Sally habló con su amiga Margot. Sally decide decirle a Dana que ha hablado con Margot y que quiere estar segura de que no tiene problemas en clase. Sabe que a Dana no se le dan bien las ciencias y que eso puede avergonzarla. Sally no quiere ponerla en apuros y sólo lo menciona de pasada.

—Hoy he hablado con Margot para organizar el cumpleaños de Marianne. Dijo que sería una buena idea ir a cenar fuera porque Marianne ha estado muy estresada debido a la clase de ciencias. ¿Tienes algo que hacer el viernes? No quiero estropearte los planes si pensabas salir con amigos o estudiar.

—Sí, el viernes me va bien.

—Estupendo. Espero que sepas que si necesitas ayuda en los estudios siempre estamos dispuestos a dártela. Parece que muchos chicos y chicas de tu edad tienen problemas con los estudios y sabemos por experiencia lo difícil que puede resultar el instituto. Así que si quieres que te cuente algún truquillo o necesitas tomarte un descanso, dímelo.

—Gracias, mamá —dice Dana y se marcha con una sonrisa.

Una conversación casual puede ser muy útil, a condición de que sea breve; así tu hijo o hija comprenderá el mensaje en vez de aburrirse y será más probable que acepte tu ayuda. Intenta no decepcionarte si no reacciona de inmediato. A veces tardamos un rato en comprender vuestros mensajes.

Tampoco has de olvidar que quizá lo plantees todo perfectamente, pero tu hijo está pensando en otra cosa. Es un problema habitual; vivimos en una burbuja y a veces nos cuesta concentrarnos en algo que no nos interesa. Crees que comprendemos el mensaje porque asentimos con la cabeza, pero tal vez sólo oigamos «Bla, bla, bla». Si crees que ése es el caso, intenta retomar el tema dentro de una o dos semanas y pregúntale cómo van los estudios, pero sin insistir mucho. Así podrás comprobar si un método indirecto como éste funciona con tu hija.

«MARIANNE ES MEJOR HIJA QUE YO, ¿A QUE SÍ?»

Últimamente, las notas de Dana no han sido buenas y su madre está preocupada. Dana se esfuerza por mejorar y Sally teme que ni siquiera pueda mantener el ritmo del trabajo. Margot le comenta que Marianne le dijo que Dana está pasando de los estudios, y Sally decide hablar con su hija.

—¿Qué tal el instituto?

—Es el instituto. ¿Qué quieres que te diga?

—Es cierto. Aunque cuando yo estudiaba había algunas asignaturas que me gustaban bastante.

—¿Como cuál? ¿Religión?

—No, mates... Aunque odiaba las ciencias. ¿No hay ninguna clase ni ninguna profesora que te gusten?

—Me gusta historia. Depende de la profesora. Pero las ciencias acabarán conmigo. ¡Es que las odio!

—Sí, eso he oído.

—¿Qué demonios quieres decir?

—Bueno, hoy he hablado con Margot y...

—Claro. Siempre estás hablando con Margot. Cree que no soy tan buena como Marianne, ¿a que sí? Pues tiene razón. Su hija es perfecta y yo, no. No me ponen sobresaliente en los exámenes, pero ¿sabes una cosa? Al menos no soy una plasta como ella. Al menos no miento para que otros crean que soy maravillosa.

Lo que dices	Lo que interpretamos
«El viernes cenamos con los Smith.»	«No me importa lo que hayas planeado y no te respeto lo suficiente para preguntarte si has hecho planes.»
«¿Estás libre el viernes por la noche? No quiero estropearte los planes si pensabas salir con tus amigos o estudiar.»	«Sé que tienes tu propia vida, así que prefiero preguntarte antes de hacer algún plan.»

A lo mejor parece exagerado, pero creemos que se nos debería incluir en estas decisiones aunque nuestra influencia sea escasa.

—Yo no he dicho nada de todo eso. Por favor, déjate de suposiciones. Lo que iba a decir es que Margot dijo que muchos chicos tienen problemas con los estudios. Sólo quería asegurarme de tú que no los tienes.

—No los tengo. ¿Hemos acabado?

—No. Acabas de chillarme y ni siquiera he abordado la cuestión. ¿Por qué te has enfadado cuando mencioné a Margot? ¿Por qué habría de enfadarme si no te ponen sobresalientes?

—No lo sé. Déjame en paz.

—Este problema no desaparecerá así como así. Hablaremos de ello después.

—Jo.

Vale, lo primero es lo primero: un comentario tipo «He oído que» no tiene mucho éxito con un adolescente con malas pulgas (quizá ya habrás notado que eso se aplica a todos los adolescentes). Cuando dices «He oído que», lo que interpreta tu hijo es: «Todo el mundo lo sabe. Todos saben que eres una estúpida.» Pero si bien los padres deben evitar este tipo de comentario —que puede ser el que causó esta pelea en particular— Dana podría haber estallado en cualquier momento. Es evidente que este asunto de la competición con Marianne la viene preocupando desde hace tiempo.

En realidad, Sally manejó la situación perfectamente. Se comportó con tranquilidad y consideración antes y después de que Dana estallara, y eso es mucho más importante que el hecho de que Sally fuera la responsable del estallido. Para Dana —y para cualquier adolescente— el tema de las notas es delicado. Aquí lo principal es cómo manejas la situación, porque da igual lo que digas: en algún momento estallará, sobre todo si se siente ansioso al respecto.

Tal vez no te guste mantener esta conversación, pero la verdad es que lo importante es conseguir que el adolescente explique qué le ocurre. La única manera de averiguarlo es cuando está realmente afectado y enfadado. Nos consta.

La conversación anterior trataba de las notas, pero Dana también podría estar protestando por la comida, cuando el auténtico problema es que siente que compite con Marianne. Hasta que Dana no se enfade de verdad, Sally jamás descubrirá que no se trata en absoluto de que le faltara sal a la sopa.

Una vez surgida la auténtica raíz del problema, lo importante es dejar que tu hijo se calme. Sally evitó que la situación tomara un cariz negativo. Dejó que Dana diera rienda suelta a su frustración y después le dio tiempo a calmarse. Sally sabía que el estallido ocurriría y le indicó correctamente a su hija que era ella quien hacía suposiciones. Fue una buena manera de terminar la conversación porque dejó la pelota en su propio tejado pero permitió que su hija tuviera la última palabra, algo que los adolescentes valoramos muchísimo.

Si el instinto te dice que tu hija no es el tipo de persona que abandona sus obligaciones como alumna, entonces confía en tu instinto, al menos de momento.

En este caso, quizá sea cierto que Marianne intenta hacer quedar mal a Dana, tanto con su madre como con Sally. Esta suposición puede parecer chocante, pero sabemos por experiencia que algunos adolescentes sienten tanta necesidad de impresionar a sus padres y a otros que menosprecian a un amigo para quedar mejor. Averigua si eso es lo que ocurre. Si estás segura de que no es el caso, puedes saltarte la siguiente conversación.

—Dana, creo que antes has dicho que Marianne miente para que los demás piensen mejor de ella. ¿A qué te referías, exactamente?

—¿A ti qué te parece? Pues eso, tal cual: a Marianne le importa la opinión de los demás. A mí, no. Intenta impresionar a Margot con sus notas y cree que gana puntos por sacar mejores notas que yo en un examen. Miente y le dice a su madre que saco malas notas para parecer ella mejor alumna. Y parece que tú también te tragaste ese cuento chino.

—Es verdad. Margot me dijo que los chicos tienen problemas con biología. Y por eso quería hablar contigo, y no con Marianne o Margot. Sólo quería asegurarme de que no tenías problemas y transmitirte que te ayudaremos en todo lo que podamos. Quería que fueras tú quien me contara los hechos porque confío en que si tienes un problema, hablarás conmigo o con la profesora.

»Bien, ¿podemos volver a iniciar esta conversación? —dice Sally en tono tranquilo.

—Claro.

—Dijiste que este año te costaba seguir la clase de ciencias. Háblame de ello...

Tus hijos estarán más dispuestos a hablarte con sinceridad si sienten que confías en ellos y en su capacidad de sacar buenas notas. A lo mejor, muchos de vosotros pensáis que este enfoque es demasiado sencillo y no funcionará con vuestros hijos. Pero si lográis encontrar el tono adecuado, como Sally, la conversación resultará útil. Es obvio que Dana tenía muchas ganas de contarle a Sally el retorcido sistema que empleaba Marianne para impresionar a su madre; sólo has de preguntar: tu hijo o hija hará lo demás.

Pero también es posible que tu hijo esté pasando de todo. Tal vez se debe a que siente que nunca conseguirá que le pongan un sobresaliente, así que, ¿para qué esforzarse? Además, si alguna clase suponía un problema, quizá te lo ocultó porque le daba vergüenza o porque no quería decepcionarte. Los adolescentes siempre buscan la aprobación de sus padres; por eso les cuesta sincerarse acerca de algún problema. En este punto, la única manera de que sean sinceros es diciéndoles directamente que no se trata de la nota.

«¿A QUIÉN LE IMPORTAN LAS CIENCIAS?»

—Dana, creo que teníamos una conversación pendiente.

—No tengo nada que decir.

—Antes, cuando te pregunté cómo te iban las cosas, te enfadaste. Quiero saber por qué te afecta tanto hablar de tus estudios y tu progreso...

—Porque estas tonterías te importan a ti más que a mí.

—Me importa porque es mi responsabilidad. Quiero que tengas éxito y que disfrutes de las cosas con las que te comprometes.

—Me dan igual las clases y las notas, así que no te esfuerces por hacer que me importen. No ocurrirá. Por favor, lárgate de mi habitación y así podré fingir que hago los deberes.

—Esta conversación no ha terminado. No puedes esperar que me conforme con esa respuesta. Quiero saber por qué no te gusta el instituto y, lo que es aún más importante, quiero que sepas que no me importan las notas siempre que te esfuerces. La nota no es lo importante, si realmente das lo mejor de ti.

—Pues no me interesa esforzarme en una materia como las ciencias. No quiero ser médico, ni nada que se le parezca. Ahora vete.

En este punto querrás comunicarte con ella, para que sepa que tú también pasaste por lo mismo, pero tal vez te conteste: «Bueno, pero ahora vete.» Si sabes que podría obtener mejores notas con un poco más de esfuerzo, lo único que puedes hacer es explicarle la importancia de sacar buenas notas en el instituto, y no la sermonees. Otra manera de decirlo es la siguiente:

—Sé que te fastidia que me repita tanto, pero escúchame una vez más. Aunque nosotros no le damos importancia a las notas, sabemos que pronto serán importantes para ti. No queremos que te arrepientas de no haberte esforzado en ciencias, y que más adelante tus notas impidan que puedas ir a la universidad que has elegido o estudiar la profesión que te gusta. Sólo queremos lo mejor para ti, por eso insistimos en que te esfuerces, pero siempre te apoyaremos. Aunque no saques buenas notas, esforzarse supone un aprendizaje que siempre aprovecharás. La persistencia te permitirá alcanzar lo que has soñado.

Tal vez adopte una actitud desagradable cuando se lo digas y te conteste «Vale, pesada», pero es probable que sepa que tienes razón aunque no lo reconozca. Después de todo, ningún adolescente está dispuesto a admitir que sus padres tienen razón. Nos pasaríamos de amables.

Si tus hijos están a punto de suspender los cursos y reciben advertencias de los profesores, habrás de adoptar un enfoque más radical. Te sugerimos que primero lo intentes con el enfoque de más arriba, pero si no funciona, proporciónales un incentivo para que estudien.

CONSEJO

Has de saber que agradecemos que reconozcas que podemos estar hartos de escucharte («Sé que te fastidia que me repita tanto, pero escúchame una vez más»); ya lo sabemos todo y no hace falta que lo repitas. Así que iniciar una conversación con esas palabras siempre es de ayuda, porque prácticamente equivale a reconocer que no somos tontos.

«Incentivo» no significa que los sobornes para que estudien, como ofrecerles un coche si obtienen sobresalientes en todo. Sobornarlos es negativo, porque les enseñará valores falsos. Con el tiempo, tu hijo se aprovechará de dichos sobornos, porque será fácil que te diga: «Si me compras un coche, me presentaré a la selectividad.» Además, no nos gusta que nos sobornen: hace que sintamos que somos unos niños.

Pero puedes ofrecernos un incentivo sin convertirlo en un soborno, como quitarnos un privilegio hasta que hagamos un esfuerzo.

Tampoco se trata de que vayas por la brava. Si nos prohíbes ver la tele, sólo conseguirás que nos enfademos y nos rebelemos: no estudiaremos más y aumentaremos el enfado general retirándote la palabra. En cambio podrías limitar el tiempo que vemos la tele, jugamos con los videojuegos y enviamos mensajes a una hora entre semana. Y cuando veas que volvemos a esforzarnos, podrás devolvernos esos privilegios, con la esperanza de que ahora hayamos comprendido la importancia de esforzarse. Y decirnos que si no nos seguimos esforzando, la próxima vez las consecuencias serán aún peores.

Una última cosa: si resulta que Dana ni se esfuerza ni pasa de todo y que Marianne sencillamente es mejor alumna, a Sally no le quedará más remedio que aceptarlo. Si tu hija se encuentra en esta situación y lo acepta, tú también tendrás que hacerlo. Si esta circunstancia la hace sentir desgraciada, aliéntala a centrarse en lo que se le da bien. No la animes a encontrar temas en los que es mejor que Marianne: no alimentes su espíritu competitivo.

No hay ningún sistema infalible para conseguir que tu hija se centre o reconozca la relación entre obtener buenas notas y alcanzar sus objetivos. Cada adolescente es distinto. Por ejemplo: si tu hija sólo habla de ir a Harvard pero sus notas no son ninguna maravilla, debe comprender que tú no puedes estudiar por ella ni agitar una varita mágica para que la acepten en la universidad.

SABES QUE COMPRUEBAN TU EXPEDIENTE
ACADÉMICO, ¿VERDAD?

El rendimiento académico de Jill ha sido pobre y Joel, su padre, está preocupado. A Jill le cuesta obtener buenas notas y a Joel le parece que ni siquiera intenta estudiar lo necesario.

Se preocupa porque aunque Jill apunta muy alto y quiere ir a Harvard, nunca lo logrará si no se esfuerza más.

—Jill, sé que tienes objetivos muy ambiciosos y me parece estupendo. Si realmente te esfuerzas, creo que los alcanzarás.

—Vale, gracias, papá...

—Pero estoy preocupado. Me parece que no te esfuerzas lo suficiente para alcanzarlos, y no se trata de que sean unos objetivos que yo haya elegido para ti. Quiero ayudarte a alcanzar los tuyos propios y creo que ambos hemos de aceptar que es muy difícil entrar en una universidad como Harvard. Sé lo que supone el proceso de selección y es bastante tremendo. No quiero que más adelante te arrepientas de no haberte esforzado en ciencias, cuando una mala nota impida que asistas a la universidad que has elegido.

—¿Así que crees que estoy pasando de todo?

—Creo que es importante que todos tengamos claro lo que una universidad como Harvard espera de sus alumnos y qué exigen a los que se presentan. Si estás conforme con tus notas y tu esfuerzo, yo también lo estaré. Pero si te cuesta concentrarte o comprender algún tema y se te ocurre que puedes necesitar ayuda, estoy más que dispuesto a echarte una mano.

—Vale, lo pensaré. Gracias.

CONSEJOS

Sé sincero con tu hijo. Somos más receptivos si sabemos cuál es el auténtico problema, o cuando todo está claro.

Si los adolescentes luchan con algo, procura relacionar esa lucha con tu propia experiencia. Se sentirán menos presionados y comprenderán que no son los únicos que se encuentran en una situación como esa.

Es bueno que los adolescentes sueñen y debes animarlos a que se esfuercen por alcanzar sus sueños, pero una parte de tu tarea es asegurarte de que tengan los pies en la tierra. Es complicado, porque no debes decirles que no sueñen o hacerlos sentir que no son lo bastante buenos para alcanzar esos sueños, pero procura ayudarles a descubrir cuáles son sólo un sueño y cómo convertir los demás en realidad.

Aunque pienses que de todos modos tu hijo nunca logrará ingresar en Harvard, has hecho todo lo necesario para que sepa que Harvard exige un mayor esfuerzo. Ahora es su responsabilidad y ha llegado el momento de que te retires y la apoyes durante el proceso. Puedes intentar ayudarla, pero es su vida y si te entrometes excesivamente, acabará por disgustarse contigo.

Has hecho cuanto estaba en tu mano, y si no logra ingresar en Harvard porque no se ha esforzado al máximo, habrá aprendido que hacer un esfuerzo supone una gran diferencia. No le digas «Te lo advertí». Lo comprenderá por sí misma y lo único que puedes hacer es apoyarla en ese momento difícil.

Ha llegado la hora de administrar el tiempo

Sabemos que creéis que si nos administráramos más razonablemente, como vosotros pretendéis, no tendríamos problemas con el rendimiento escolar.

Es verdad que a los adolescentes nos encanta perder el tiempo y además dejar los deberes para lo último. Como padres, creéis que debéis ocuparos de que aprendamos a administrar nuestro tiempo. Avance informativo: no funcionará.

La única manera de aprender es equivocarse y pagar las consecuencias. Si te «entrometes» en la cuestión de los deberes, lo único que conseguirás es que te contesten mal y que consideren que tu preocupación es un desafío a su independencia. Te apartarán para demostrar que saben arreglárselas ellos solos.

Es muy frustrante, porque si tu hijo te obedeciera, sabes que no tendría que pasar por ese proceso de aprendizaje. Cuando se vea en apuros y te pida que redactes una nota para eximirle de dar un examen o para que le den más tiempo para hacer una tarea, es posible que te sientas tentado a ceder porque le tienes lástima.

Pues no lo hagas. Nunca aprenderemos si no sufrimos las consecuencias.

En cambio, hazle sugerencias y establece reglas que le ayudarán a administrar su tiempo. Si lo haces, y con un poco de suerte, para cuando se haga mayor será capaz de enfrentarse a todas sus responsabilidades sin tu intervención. Pronto estará en la universidad y tendrá que hacerlo él solo, así que lo mejor es que aprenda ahora…, a menos que pienses acompañarlo a la universidad.

TV O NO TV, ¿ES ÉSA LA PREGUNTA?

Angela está enfadada con Bobby y decide que ha llegado la hora de hablar con él. Se pasa horas viendo la tele cuando podría estar estudiando o haciendo algo productivo. Angela cree que si logra despertar su interés por otras cosas dejará de ver tanta televisión. Sabe que no será fácil, así que llega a la siguiente conclusión: si le digo que no puede ver la tele hasta que haya hecho los deberes, entonces se concentrará en éstos y ya no verá tanta televisión. Una idea estupenda, pero que no funcionará.

Cuando Angela entra al salón, Bobby está viendo la tele antes de cenar.

—Bobby, hemos de tener una charla acerca de la televisión.

—¿Qué pasa con la tele? La pongo y la miro. Ha sido un placer hablar contigo. Adiós —dice Bobby y vuelve a mirar la pantalla.

Angela coge el mando y apaga el televisor.

—¡No puedo creer que hayas hecho eso! —dice Bobby, indignado.

—Hablo en serio, Bobby. Te pasas todo el día viendo basura en la tele cuando podrías estudiar y sacar mejores notas en historia.

—No entiendes nada. No es basura.

—Ésa no es la cuestión. A partir de hoy, quiero que hagas todos los deberes y estudies antes de encender la tele.

—¡Eso es muy injusto!

—No, no lo es, y algún día me lo agradecerás.

—Sí, seguro.

—Bien, ¿qué deberes tienes hoy?

Bobby piensa: «Ésta es fácil.»

—No tengo deberes —le dice, sonriendo.

DEBERES Y TELEVISIÓN

Proponle que elija un programa cada noche y que grabe los demás para verlos el fin de semana.

Sugiere que se tome un descanso de los deberes para ver su programa predilecto.

Si todos sus programas favoritos son el jueves por la noche y no quiere grabarlos, sugiérele que haga sus deberes con antelación. Así podrá ver los programas del jueves por la noche sin problemas.

Esto no funcionará. Si le dices que no puede ver la tele hasta después de hacer los deberes, mentirá, y cuando pasen su programa favorito te dirá que ya los ha hecho, o los hará apresuradamente para poder verlo. Es una pésima solución. ¿Qué hacer? Pues nada.

En relación a los deberes, la única manera de que aprenda es que se equivoque él solo. Cuando se haya metido en problemas será el momento de decirle que tienes un plan para que pueda ver la tele y además tener tiempo para hacer los deberes.

Cuando haya metido la pata —aunque no lo reconozca pese a que las notas del examen lo demuestran— buscará una solución. Así que ésta es tu oportunidad. No la desaproveches. Sugiérele algunas ideas, pero sólo funcionarán si lo haces correctamente.

¿Cuál es el mejor sistema para presentárselas? Una vez más, no esperes que las acepte de inmediato. Quizá tendrá que suspender otro examen para que comprenda que debe cambiar de método. Además, te recomendamos que le presentes estas ideas como una sugerencia o una opción, no como una regla.

Si le prohíbes ver la tele, puede que no la esté viendo cuan-do llamas a la puerta de su habitación, pero eso no significa que ha hecho los deberes. Intenta enfocarlo de la manera si-guiente:

—Siento mucho que te hayan suspendido —dice An-gela.

Bobby le lanza una mirada perpleja y piensa: «Jolines, gracias por ser tan comprensiva. Ahora me soltarás un ser-món.»

—Sólo quería decirte que cuando yo era adolescente, tardé un tiempo en descubrir cómo administrar mi tiem-po. Aún no lo hago muy bien, pero he aprendido un par de cosas.

—¡Pues vaya!

—Ya sé que no es nada del otro mundo, pero sé cuánto te gusta ver la tele y también que quieres sacar buenas no-tas. Así que se me han ocurrido un par de ideas para que puedas conseguir las dos cosas.

—No, gracias, mamá, ya me las arreglaré.

—Escúchame. Son bastante buenas...

—Vale, pero date prisa. Dan algo que quiero ver.

—Me parece que a veces no tienes tiempo de ver tus programas favoritos y además hacer los deberes, así que se me ocurrió que podrías grabar algunos y verlos el fin de semana. También podemos organizar tu agenda para que no tengas que hacer deberes el jueves por la noche. ¿Qué me dices?

—Lo pensaré. Gracias.

—No hay de qué. Para eso estoy.

Debería funcionar (sobre todo para los chicos más jóvenes, ya que después les servirá cuando vayan avanzando en los estudios). Pero no te impacientes. Incluso tras esa conversación, puede que Bobby no modifique sus hábitos. Dicen que cambiar de hábito es difícil. Pues también es difícil adoptar unos nuevos. Espera un par de semanas y fíjate en si hace los deberes. Lo sabrás porque si saca mejores notas se enorgullecerá cuando se lo preguntes.

Si las cosas no han cambiado, pregúntale si ha adoptado algunas de las ideas comentadas. Vuelve a explicárselas y dile que dicho enfoque resolverá sus problemas con los deberes. A lo mejor tendrás que repetírselo tres o cuatro veces, pero con el tiempo verás que los hábitos y las notas de tu hijo mejoran.

«¡SI ME DEJAS SALTARME LA CLASE DE INGLÉS ESTA ÚNICA VEZ, TE AMARÉ PARA SIEMPRE!»

Los deberes siempre han supuesto un problema para Alex porque no los planifica a largo plazo y acaba haciéndolos en el último instante. Últimamente se pasa las noches estudiando para recuperar el tiempo perdido, está muy cansado y su rendimiento ha empeorado. No entrega los deberes en el plazo estipulado y está empezando a desesperar.

Está en tercer año, así que cada nota parcial afecta la nota trimestral. Este año es la segunda vez que se desespera, y decide pedirle a su madre, Susan, que le escriba una nota a la profesora que lo exima de hacer una redacción. Susan no sabe qué hacer. No quiere negarse porque teme que le pongan una mala nota, pero sabe que no es una buena opción. Ya lo hizo en otra oportunidad y teme que si continúa haciéndolo, Alex nunca aprenderá a administrar su tiempo y sus tareas, y que cuando vaya a la universidad, estará perdido.

—Mamá, estoy agotado. Necesito que me ayudes, de

verdad. Hace cuatro noches que no duermo y si no escribes esa nota, podría perder la oportunidad de ir a la universidad de Michigan, y ése es mi sueño.

—Me encantaría hacerlo, pero ya me pediste lo mismo la semana pasada, y la verdad, no me parece correcto que vuelvas a pedírmelo.

—Te das cuenta que estropearás la posibilidad de que obtenga una buena nota, ¿verdad?

—Eso no es justo. Ya hablamos de este asunto. Debes planificar tus tareas de antemano en vez de dejarlo todo para el último momento.

—Te prometo que lo haré bien. A partir de ahora no volveré a pasarme la noche estudiando y dejando las cosas para más adelante. Haré lo que me digas. Tenías razón y estaba equivocado. Pero he aprendido la lección, así que échame una mano, por favor.

—No es la primera vez que ocurre. Siempre haces lo mismo. La última vez me dijiste que cambiarías y no lo has hecho. Lo siento.

Una cosa es que un adolescente necesite una nota porque ha ocurrido algo que no es culpa suya, por ejemplo si no se encuentra bien. Y otra muy distinta es que lo deje todo para último momento porque cuenta con que mamá o papá le resuelvan la papeleta.

Tal vez te resulte difícil decir que no. Pero al igual que Alex, puede que tu hijo tenga un problema de organización que hay que resolver. Si Alex sigue contando con su madre para que lo salve, nunca intentará resolverlo. Susan tenía que dejarlo fracasar para que por fin aprenda que ella no siempre estará a su lado para levantarlo cuando caiga. Si hubiera cedido y escrito esa nota, su hijo volvería a salirse con la suya y el ciclo continuaría.

«Haz algo de provecho»: ponerse de acuerdo sobre las actividades extracurriculares

Obtener buenas notas no es el único problema al que han de enfrentarse los adolescentes. Una de las mayores exigencias con las que se enfrentan está relacionada con sus actividades extraescolares, o la ausencia de éstas. Las consideran un modo de implicarse en su comunidad y pasarlo bien, o de escapar de las exigencias académicas y/o problemas sociales. Por desgracia, los padres no siempre ven estas actividades con los mismos ojos que los adolescentes.

Los padres suelen considerarlas como algo que queda bien en la solicitud de ingreso a la universidad, y sabemos que es verdad, pero si ése es el motivo principal para que insistáis en que las hagamos, tal vez al final acabaremos negándonos. Tienen que ser cosas que nos apetezca hacer, de lo contrario nos enfadaremos con vosotros porque nos presionáis para que hagamos algo que es más importante para vosotros que para nosotros.

Y aún peor, algunos padres quieren que sus hijos realicen las mismas actividades que hicieron ellos. Aunque no sea así, puede que lo crean. Si un padre no deja de hablar de lo buen jugador de fútbol que fue y cuánto le gustaba, su hijo oirá: «Si quieres complacerme, juega al fútbol.» Si de verdad quiere complacerte, tal vez lo haga. Pero si no se trata de algo que a él le apetezca, también acabará por contrariarse, o por sentirse muy desgraiado.

Estas cuestiones pueden convertir las actividades extraescolares en un tema muy delicado y es necesario que los padres lo enfoquen con tacto.

«AY, NO ME HE ACORDADO DE DECÍRTELO... ME BORRÉ AYER»

Kyle, un chico de dieciséis años, está viendo la tele en su habitación. Annette, su madre, regresa temprano del trabajo y se sorprende al ver que no está jugando al fútbol.

—¿Qué pasa? ¿Hoy no hay partido?

—Esto... No. No he ido —contesta Kyle sin despegar la vista de la pantalla.

—¿Qué significa eso? ¿Te has saltado la clase? ¿Te da lo mismo haberte comprometido con el equipo y después dejarlos plantados?

—Ya no me interesa el fútbol y no me apetece jugar —dice Kyle, encogiéndose de hombros como si no tuviera importancia.

—Eso es ridículo. Si crees que puedes abandonar el equipo, así, sin más, estás muy equivocado. No te hemos educado para que te comportes así. Te encanta jugar al fútbol. La verdad, no entiendo nada de lo que estás diciendo.

—Tú no sabes lo que me encanta, sólo sabes lo que tú quieres que me encante. Odio jugar al fútbol y odio el deporte en general.

Annette está cada vez más furiosa.

—Estoy harta, Kyle. Esto es absurdo. Mañana volverás al equipo y te disculparás con el entrenador. Debes aprender a ser responsable de tus actos.

—Mira, mamá, no soy idiota. He estado pensando y me he dado cuenta de que no quiero jugar. Ya he sido responsable: hablé con el entrenador hace un par de días. Todo controlado, muchas gracias.

—¿Estás de broma, Kyle? ¿No quieres ser un chico equilibrado? ¿Acaso no sabes que es importante hacer deporte? Ya no eres un niño. Debes reflexionar sobre estas cuestiones. Queda muy mal que juegues al fútbol duran-te un año y medio en el instituto y después te rajes. ¿Qué significa que abandones las actividades extraescolares y te pases las horas muertas delante de la tele un día tras otro?

—¿Quedar mal a ojos de quién? En serio, mamá, no tie-nes ni idea de qué estás hablando, así que haz el favor de dejarme en paz. No me puedo creer que seas tan ridícula.

—Tu padre se sentirá muy decepcionado —dice An-nette, lanzándole una última mirada furiosa a Kyle antes de abandonar la habitación.

Decir «Tu padre se sentirá muy decepcionado» es lo más rastrero que le puedes decir a un adolescente. Cuando afirmas que tú o tu marido estáis decepcionados, tu hijo se sentirá dis-gustado, enfadado y sobre todo avergonzado. Esto último debido a que constantemente busca tu aprobación; saber que te ha decepcionado es muy angustiante.

Pero al mismo tiempo se enfadará, porque Kyle ha optado por algo de lo que está convencido y es muy frustrante cuan-do vosotros, sus padres, no lo apoyáis. Cuando Annette dice «No te hemos educado para que te comportes así» Kyle cree que sus padres —que deberían apoyarlo— están contra él.

Si un adolescente siente que no lo apoyas, que decirte lo que ocurre sólo causará más problemas, entonces en algún momento —ya sea hoy o dentro de un año— enmudecerá por completo. O bien mentirá para evitar un enfrentamiento o te apartará de su vida. Tal vez parezca una reacción muy dura, pero los años de la adolescencia son muy delicados, y los ado-lescentes tendemos a ser rencorosos.

Los chicos aceptan algunos consejos de los padres, pero si les dices que sus decisiones o su manejo de una situación son malos o están equivocados, tu hijo se ofenderá. En ese caso, te enfrentarás a una situación mucho más conflictiva que el problema original, como jugar al fútbol o no hacerlo. Ahora deberás enfrentarte al hecho de que has herido a tu hijo y que siente que no lo apoyas. La relación se ha vuelto más tensa porque le has dicho que te ha decepcionado.

Aunque sea cierto que te sientes decepcionada, hay mejores maneras de decirlo que «Estamos muy decepcionados» y marcharte. Otro modo de enfocar la situación es decir «Ojalá nos hubieras incluido en tu decisión, porque nos habría gustado saber que tenías dudas acerca de seguir jugando».

CÓMO LOGRAR QUE TU HIJO TE ABORREZCA

Cuando Ray —el padre de Kyle— llega a casa, Annette le cuenta lo sucedido con el fútbol. Ray va a la habitación de Kyle.

—¿Así que quieres dejar de jugar al fútbol? —dice Ray, sentándose en la cama de Kyle.

—Así es. Es lo que hay.

—¿Y te has borrado del equipo sin comentarlo conmigo o con mamá?

—Es mi vida, ¿no? Siempre dices que debo hacerme responsable de mis actos, pero a lo mejor no quieres que lo haga. Quieres tomar todas las decisiones por mí. Decidí dejarlo, ¿vale? Pues ya está, ¿por qué no me dejas en paz para que sea un adulto responsable, como siempre me estás pidiendo?

—No te digo que no puedas tomar tus propias decisiones, pero me parece que hemos de volver a considerar el tema. Con tranquilidad. ¿Podemos hablar?

—Vale, habla —gruñe Kyle, se vuelve hacia la pantalla y empieza a teclear.

—Bueno, el fútbol se te daba muy bien. Hace años

que eres un buen jugador. Y es una actividad extraescolar que supone un buen complemento a tu currículo académico.

Kyle se vuelve.

—Papá, ¿de qué sirve todo esto, exactamente? ¿Para la universidad? ¿Se trata de eso? Entonces lo que pasa es que mi opinión no cuenta para nada. ¿O sólo se trata de lo que debo hacer para acceder a la universidad?

—Claro que importa lo que tú opines, Kyle, pero debes recordar que la universidad está a la vuelta de la esquina. Sé que compaginar el fútbol con los estudios es complicado, pero a la larga es importante. La práctica de un deporte es muy beneficiosa. Hay muchos estudios que demuestran que los alumnos que practican deporte obtienen mejores resultados académicos, ven menos la tele y se meten en menos problemas... ¿Me estás escuchando, Kyle?

—Te escucho, papá. Pero no estoy de acuerdo contigo. No comprendes lo que digo. Me parece que tú y mamá nunca me escucháis... ¡Siempre me preguntas si te escucho, pero tú nunca me escuchas a mí!

»No quiero jugar, ¿vale? No quiero ir al instituto para poder ir a la universidad, y no soy un mono de ningún experimento. Quiero disfrutar del instituto. Lo que pasa es que vosotros no entendéis nada

—Te comprendo, Kyle, créeme, yo también he tenido tu edad...

—¡Maldita sea, papá! —grita Kyle, interrumpiéndolo—. Ahora no es lo mismo, todo ha cambiado. Las exigencias de ir a la universidad, las notas de los exámenes, las actividades extraescolares... Tú no tenías que soportar tanta presión. Tienes que dejar que viva mi vida. Ya basta.

Tienes razón al pensar que debería haberte consultado. Él también lo sabe, pero tenía un excelente motivo para no hacerlo. Sabía que no lo aceptarías.

Sabemos que te disgustarías muchísimo si tu mujer te dijera que tu hijo ha decidido tirar por la borda y sin previo aviso su carrera como futbolista. Pero la verdad es que si tu hijo no se siente a gusto y sigue practicando un deporte o alguna otra actividad debido a la exigencia de su padre, acabará por guardarte rencor.

Tal vez creas que a la larga, las actividades extraescolares serán provechosas para tu hijo porque facilitan el acceso a la universidad, pero no vale la pena insistir. Cada vez que menciones la palabra «universidad» en este contexto, tu hijo pensará que te importa más la universidad a la que vaya que la persona que realmente es.

Otro error que conviene evitar es decir: «Yo también he pasado por ello, así que sé más que tú.» Cuando pronuncias esta frase, nos da la impresión de que intentas vivir lo que no has vivido a través de nosotros, o que intentas regresar a los viejos tiempos controlando nuestras decisiones. Tu hijo creerá que le estás diciendo que haga lo que hiciste tú.

Hay instancias en las que es positivo recordarle a tu hija adolescente que tú has pasado por lo mismo, como cuando a Lindsay le viene la regla en el Capítulo 1, pero eso es muy diferente a echar mano de tu experiencia para imponerle tus opciones. La madre de Lindsay intentaba consolarla. En la situación anterior, el padre de Kyle utiliza su experiencia para intimidarlo.

Claro que preferirías que tu hijo te hable de sus problemas con el fútbol. Supone un compromiso y mereces participar. Pero en el fondo la decisión depende de él, así que dile que la respetas aunque no estés de acuerdo. Si lo haces, y evitas frases como «Es útil para acceder a la universidad», habrás ganado muchos puntos.

Éste es un enfoque diferente que Ray podría adoptar:

ACÉPTALO, EN ESTO DECIDO YO

—¿Qué pasa, tío? —pregunta Ray en tono juguetón, bromeando e imitando la jerga adolescente.

—Hola, papá. —Kyle levanta la vista del teclado del ordenador, sonriendo ante las tonterías de su padre—. ¿Quieres ver el programa deportivo? Lo tengo grabado.

—Claro, Kyle, pero me gustaría hablar de lo del fútbol.

—Claro, tendría que habérmelo imaginado —dice Kyle, volviendo a mirar la pantalla.

—Venga, Kyle, no seas así. No es nada malo. ¿Podemos hablar? Quiero que me lo cuentes tú. ¿Qué ha pasado?

—De acuerdo, te lo diré. La cuestión es que ya no me interesa. No me gustan los entrenamientos. No me gusta jugar y en realidad, no me gusta el entrenador ni los demás miembros del equipo. Hablé con el entrenador, le expliqué lo que acabo de decirte y él lo comprendió. Dijo que si eso es lo que sentía, le parecía una buena idea que dejara el equipo. Eso es lo que ocurrió.

—No te diré que apruebo lo que hiciste. Me parece que abandonar después del inicio de la temporada es una mala decisión. Pero la verdad es que no puedo tomar tus decisiones por ti, así que si a ti te parece que has hecho lo correcto, tendré que confiar en tu criterio.

—Gracias, papá. Ojalá mamá supiera entenderme como tú.

—Eso es injusto, Kyle. Tú llevas semanas pensando en el tema y preparándote para tomar una decisión, pero mamá y yo acabamos de enterarnos. Necesita tiempo para comprenderlo. Sabes que ella te apoya. Está un tanto desconcertada y no te mentiré: yo también.

—Sí, supongo que sí. Pero no estoy de acuerdo con lo que dijo.

—Lo sé. Deberías hablar con ella, pero creo que ya lo ha comprendido. Yo también me hubiera desconcertado.

—Claro, lo comprendo.

—Además, a lo mejor sería conveniente que consideraras hacer alguna otra actividad en tu tiempo libre.

—¡Vale, papá! Eso ya lo sé, ¿vale? —Kyle se enfada un poco porque sabe que Ray tiene razón.

—Bueno, ya lo comentaremos más adelante.

—Estupendo, papá. ¿Quieres que veamos el programa deportivo que grabé?

—Me encantaría.

Ésta es la mejor manera de enfocar la situación. Si entras en su habitación e inicias una conversación casual, tu hijo no sentirá la necesidad de ponerse a la defensiva. Te hablará en tono civilizado y, aún más importante, admitirá que fue un error ponerse a la defensiva con su madre.

Y el padre de Kyle también acertó al decirle a su hijo que si él hubiera estado en esa situación, habría reaccionado del mismo modo que Annette, dejando claro que ambos juegan en el mismo equipo y que su hijo no puede enfrentarlos entre sí.

Kyle podría haber sentido que ambos se confabulaban para demostrar que él siempre estaba equivocado, pero como su padre abordó el asunto de un modo casual y le explicó por qué su madre reaccionó como lo hizo, funcionó perfectamente.

Ray le hizo saber que respetaba su decisión pese a no estar de acuerdo con ella; gracias a esta actitud, Kyle se sintió tratado como un adulto. Aunque no estéis de acuerdo con nuestras decisiones, no debéis regañarnos como si aún fuéramos niños. Lo único que conseguiréis es que dejemos de escucharos y os apartemos, porque se trata de nuestra vida, y nos la tomamos en serio.

Si nos tratáis como niños y decidís por nosotros, nos rebelaremos (incluso si hubiéramos tomado la misma decisión). Cuando creemos que tomáis en cuenta nuestra opinión, las cosas acaban bien.

Si aplicas el enfoque de Ray y tu hijo no reacciona tan positivamente («Me parece que abandonar después del inicio de la temporada es una mala decisión»), no pasa nada. Lo único que tu hijo puede contestarte es «A lo hecho, pecho». En ese caso, tu respuesta debe ser la siguiente: «Has de tenerlo en cuenta en el futuro, porque en el mundo real no podrás desentenderte de tus responsabilidades.»

Quizá ponga los ojos en blanco al oír esas palabras, pero es un enfoque muy eficaz porque sabe que tienes razón.

NO ME DEJARÉ DOMINAR POR EL INGRESO A LA UNIVERSIDAD

Robin tiene diecisiete años, va al instituto y sus padres han empezado a pensar en la universidad. Aunque todavía no se está preparando para el ingreso, sus padres quieren asegurarse de que realiza actividades que le serán provechosas cuando llegue el momento de presentar la solicitud.

Hace un año y medio que Robin va a clases de cerámica. Un día, Eve, su madre, decide que ha llegado el momento de hablar del asunto.

—Me gustaría que habláramos de las clases de cerámica.

—¿Ah, sí?

—Sé que te lo pasas bien y que es una oportunidad para estar con tus amigas durante un par de horas después de clase, pero tal vez haya llegado el momento de emprender algo un poco más serio, ¿comprendes?

—No, no comprendo. La cerámica ya es algo serio.

—Sí, lo sé, sé que tú y tus amigas disfrutáis con ello, pero me parece que valdría la pena que te dedicaras a algo más serio, como participar en el círculo de debate y discusión, o en la asociación estudiantil.

—Pero no tengo ganas de hacer esas cosas. Me encanta la cerámica. ¡No me puedo creer que ya me vengas con el tema de la universidad! ¡Aún no es el momento! —Robin mira por la ventanilla del coche, frustrada porque le recuerdan que debe pensar en la universidad y que juzgan sus actividades según le sirvan para ingresar, o no.

—¡No he mencionado la universidad! Lo único que digo es que tú y tus amigas perdéis el tiempo en la clase de cerámica, en vez de dedicarlo a algo más útil.

—Eso es una tontería. Crees que obtendré más puntos en la solicitud de ingreso participando en el círculo de debate en vez de asistir a clase de cerámica. Pues es absurdo, porque la cerámica me encanta y quiero dedicarme a ello. ¿Vale?

—Sólo era una sugerencia. Sólo intento ayudarte, Robin. Y no he dicho nada de la universidad. Sé que aún falta un año, así que haz el favor de no comportarte como si fuese yo quien ha mencionado la universidad. Y no te enfades conmigo sólo porque te haya hecho una sugerencia.

—¿Qué insinúas?

—Nada. ¿Por qué siempre estás a la defensiva?

Eve y Robin guardan silencio hasta llegar a casa.

Eve no ha acertado. Cuando ha dicho «Tal vez haya llegado el momento de emprender algo un poco más serio» causa dos problemas inmediatos: denigra la actividad que Robin eligió y que le gusta, ofendiéndola, y además convoca el fantasma de la universidad, puesto que Robin sabe perfectamente que Eve está pensando en ello, aunque luego lo niegue.

La verdad es que no importa que pienses que la universidad es lo primero; lo que importa es que tu hija crea que le adjudicas una mayor importancia a la universidad que a ella y sus intereses personales. Todos hablan del tema todo el tiempo, y lo mencione o no lo mencione, puedes estar segura de que tu hija sabe qué le espera. Éste no es el momento de decirle que, en comparación con la cerámica, ser delegada de su curso es mucho más importante.

Dada la inminencia de la presentación de solicitudes, tu hija espera que la apoyes y no pierdas los papeles. Quiere que tú seas la única persona que no lo olvide todo por el tema de la universidad.

Robin tenía motivos para ponerse a la defensiva. En primer lugar, es una adolescente y nosotros nos lo tomamos todo de manera personal, algo que a estas alturas ya deberías saber. Pero quizá Robin sea muy consciente de que hay otras cosas más «serias» que la cerámica. A lo mejor disfruta de la clase de cerámica porque supone una oportunidad de evitar las exigencias académicas y estar con sus amigas. Y ahora jamás lo reconocerá, debido a las palabras de Eve. De hecho, en vez de servirle para considerar la idea de hacer otra cosa con su tiempo, han supuesto una oportunidad perfecta para demostrarle que su madre no la comprende, y nunca lo hará.

Si crees que tu hijo es un teleadicto y quieres que incluya algunas actividades «que merezcan la pena» en su vida, deberás abordar la situación con mayor discreción. Los adolescentes aceptan que te preocupes por ellos, pero decirles que «malgastan» su tiempo no conducirá a nada. Si no dejas de repetirlo, acabarán por prescindir por completo tus palabras.

«OJALÁ LOS PADRES VINIERAN CON UN MANDO A DISTANCIA INCORPORADO»

Es una noche típica de entre semana para Jenna, una adolescente de quince años que va al instituto. Ha estado en casa toda la tarde y ya ha hecho los deberes. Después de cenar, mira la tele hasta las diez y después pasa un rato hablando con sus amigos o jugando en el ordenador.

Cynthia, la madre de Jenna, piensa que debería dedicar su tiempo libre a alguna actividad. Como se imagina que Jenna lo considerará razonable, decide planteárselo. Jenna está viendo la repetición de uno de sus programas favoritos, y su madre supone que es el momento ideal para sentarse junto a ella y entablar una conversación.

—Estaba pensando que a lo mejor tendríamos que buscarte alguna actividad extraescolar.

—¿A qué te refieres?

—Algo que puedas hacer después de clase, por las tardes. Tienes mucho tiempo libre y me parece una pena que lo malgastes viendo la tele.

—No lo malgasto. Me relajo. Tengo muchos deberes. Sólo tengo quince años y necesito relajarme. Deberías comprenderlo.

—Sí, pero hay otras cosas a las que podrías dedicarte que también son interesantes. ¿Me comprendes?

—No, ¿qué cosas?

—No sé. Podrías inscribirte en algún club o participar en algún equipo. O presentarte voluntaria en el servicio a la comunidad.

—Esas cosas no me interesan a mí, sino a ti. Hazlas tú.

—Pues hemos de encontrar algo. Tiene que haber algo que te apetezca hacer.

—Obviamente me interesa la televisión, America Online y el aspecto de mi pelo —dice Jenna en tono sarcástico.

—Sólo intento ayudarte a aprovechar tu tiempo. Es por tu propio bien.

—Soy lo bastante mayor para administrar mi tiempo,

muchas gracias. Ahora, si no te importa, me gustaría seguir viendo la tele.

CONSEJO

Ten presente que tal vez Robin tenga mucho talento para la cerámica y que podría ser su auténtica vocación. En ese caso, Eve no debe interferir en la situación, porque el talento es el talento, y Robin debe hacer lo que se le da bien. Así que antes de decirles a tus hijos que deberían dedicarse a otra cosa, debes asegurarte de tener un buen motivo para hacerlo.

Cynthia se ha equivocado en casi todo. Cuando dijo «Tienes mucho tiempo libre y me parece una pena que lo malgastes viendo la tele», Jenna se ofendió. Lo que interpretó fue algo parecido a: «Tu vida carece de objetivos y todo lo que haces es una pérdida de tiempo. ¿Por qué no intentas hacer algo importante? Algo de valor.»

Cuando Jenna contesta que no está perdiendo el tiempo, sino que se relaja, la respuesta correcta sería: «Estoy completamente de acuerdo. Necesitas tiempo para no hacer nada. Sólo hablaba de una actividad dos veces por semana, algo que te guste. Algo que te apetezca hacer después de clase.» Es una respuesta mucho mejor, porque otorga validez a la respuesta de Jenna, que realmente es válida.

Hoy en día, los adolescentes se enfrentan a responsabilidades y exigencias cada vez mayores. De vez en cuando tenemos que desconectar de cuanto nos rodea, y la tele y los videojuegos nos lo permiten. No nos parece malsano. Aunque no sepamos el motivo, sabemos que lo necesitamos y nos disgustará si nos lo prohíbes. Es como un instinto de supervivencia.

Por eso no conviene hablar de una actividad «productiva» que reemplace el tiempo dedicado a esta «desconexión». En cambio, deberíais decir que «además» las actividades extraescolares podrían ser «divertidas»; así evitaríamos estar metidos en casa todo el día.

Hacia el final de la conversación, Jenna ha rechazado cualquier oferta de Cynthia. Se vuelve sarcástica para demostrar que en lo que a ella respecta, el tema ha quedado zanjado. Por desgracia para vosotros, un adolescente es capaz de acabar una conversación de este modo y decidir que sois «ridículos e injustos», así que debéis echar mano de la estrategia.

El punto álgido de esta conversación se ha producido cuando Cynthia dice: «Pues hemos de encontrar algo. Tiene que haber algo que te te apetezca hacer.» Jenna reacciona mal frente a este comentario porque siente que Cynthia la acusa de ser una perezosa inútil. Quizá Cynthia quiso decir «No sé qué te interesa», pero Jenna interpretó «No eres interesante».

Eso ofendería a cualquier adolescente hasta tal punto que dejaría de escucharte, tal vez durante un par de días. Ahora tu hija se siente incomprendida y está enfadada porque has hecho que se sienta mal consigo misma. No olvides que pese a que decimos que queremos que nos traten como adultos o que finjamos que no nos importa lo que nos dices, nos creemos todo lo que dices de nosotros... incluso cuando no es lo que pretendías decir. Ahora Jenna siente que es tonta y aburrida, porque ése es el mensaje que ha recibido, y para colmo de males te culpa por ello. ¿Por qué habría de escuchar nada de lo que le digas?

A estas alturas, cualquier cosa que digas parecerá un insulto, y en vez de motivar a tu hija para que entre en acción, conseguirás que siga con su rutina habitual.

Es el momento de tomarse un descanso. Podrás retomar la cuestión dentro de un par de días, pero no antes de disponer de una sugerencia acerca de lo que podría hacer, o al menos un plan para intentar hacer algo juntas.

Cuando las dos os hayáis tranquilizado, quizá tu hija incluso intente buscar otra actividad, a condición de que sea divertida o interesante, y no algo «productivo» o que sólo consista en dejar de ver la tele.

Y recuerda que si sospecha que tiene alguna relación con la universidad, lo rechazará de plano y tal vez intente cortarte la cabeza... Una actividad de todos modos no le ayudará a ingresar en la universidad. Lamentamos tener que decírtelo, pero empiezas con muchos puntos en contra. El mero hecho de mencionarlo, incluso si es por su propio bien, la frustrará muchísimo.

Tu hija se encuentra en una etapa en la que lo único que quiere hacer con su tiempo libre es ser una niña, estar con sus amigas, ver la tele, relajarse y dedicarse a otras actividades improductivas similares. Si pretendes motivarla para que haga otra cosa, deberás encontrar algo que le interese.

Déjala tomar la iniciativa para encontrar algo que la estimule, y que haga varios intentos hasta que encuentre la actividad que le agrade. Sé abierta y ten paciencia. Quizá lo intente con el voluntariado o participe en el círculo de debate y entonces dirás: «Bueno, problema resuelto», pero dos semanas más tarde lo dejará. El primer intento no siempre es el último.

A lo mejor descubre algo que a ti no se te ocurría, o que tú jamás hubieras hecho. No lo descartes si la motiva y la anima. A lo mejor la contratan para hacer prácticas en una revista de moda, y eso servirá de introducción al mundo editorial... cuando en realidad sólo intentaba conseguir muestras gratis de productos de maquillaje.

La «mejor» universidad para tu adolescente

LA BEBIDA NO ES UNA ASIGNATURA ACEPTABLE

Son las nueve de la noche, a finales de septiembre. Jake, un estudiante de diecisiete años, debe entregar una lista de sus universidades preferidas en la oficina del instituto mañana por la mañana. Eric, su padre, no está de acuerdo con su elección y decide que es hora de comentar la cuestión con Jake, porque está convencido de que su hijo ha elegido precisamente las universidades famosas por sus juergas.

—¿No te parece que podrías haber sido un poco más selectivo, Jake?

—¿Selectivo? ¿Qué insinúas?

—La Universidad Estatal de los Bufones no ofrece la misma calidad de enseñanza que la de Rochester, ¿por qué ésta no figura en tu lista? Tu asesor dijo que tenías una buena oportunidad de entrar en Rochester. ¿Por qué tu primera elección es Bufones? Lo único que te ofrece es la bebida.

—No me gusta Rochester, papá. ¿No prestaste atención durante las reuniones? Me cansé de repetir que Rochester no entra en consideración. ¿Por qué insistes?

—Porque es una excelente universidad. Intelectualmente, tiene más que ofrecer. ¿Por qué no aceptas un reto? Te sentirás cómodo en cualquier universidad así que, ¿para qué ir a una que no ofrece un buen nivel académico?

—¡No se trata de un reto, papá! ¡Se trata de mi felicidad! Sé que quieres lo mejor para mí, pero ¿por qué no dejas de fastidiarme? ¡No es tu elección: es la mía!

—Pues no. Yo soy el que paga, así que yo elijo.

Todos los padres tienen sus propias ideas acerca de la universidad que sería «buena» para su hijo y es perfectamente comprensible que te niegues a gastar dinero en su educación si consideras que tu hijo sólo se dedicará a beber y hacer el gamberro. Pero la verdad es que beberemos y haremos un poco el gamberro en cualquier parte. Si obligas a un hijo a asistir a una universidad concreta, sólo le darás un motivo para rebelarse y hacer más locuras de las que tenía previstas.

Los adolescentes saben que los padres tienen las mejores intenciones para con ellos y no es que descarten todos tus comentarios. Lo importante es la forma de plantearlos. Una cosa es que nos ofrezcáis vuestros consejos, puesto que sois mayores y tenéis más experiencia, y otra muy distinta (y poco recomendable) que nos amenacéis y nos deis órdenes; sólo provocaréis una serie de batallas que al final acabaréis perdiendo.

Por ejemplo, cuando Eric dice: «Pues no. Yo soy el que paga, así que yo elijo», en realidad quiere decir: «Ten en cuenta mi opinión, no hagas caso omiso de mis palabras.» En cambio lo que Jake interpreta es: «No importa lo que tú quieras, la decisión es mía, así que no te molestes en hacer esta lista. Yo controlaré tu vida.» Y cuando Eric dice: «¿Por qué no aceptas un reto?», Jake oye: «Todo lo que has hecho hasta ahora no tiene ningún valor.»

Si quieres ayudar a tu hijo, éste es un enfoque mucho mejor.

—Jake, sé que tu asesor considera que deberías presentar la solicitud de ingreso en la Universidad Estatal de los Bufones, pero, ¿de verdad te ves en ese ambiente?

—Sí, claro, si no, ¿por qué la habría presentado?

—Ya, es que me da la impresión de que sólo tuviste en cuenta la vida social en el campus. Sé que es uno de los aspectos más importantes de la vida universitaria, pero tal vez deberías echar un vistazo a su sitio Web, revisar la lista de cursos que ofrecen y asegurarte de que te interesan.

»Sé que falta mucho para decidir en qué te especializarás, pero debes asegurarte de que ofrecen lo que te interesa.

—Sí, pero en la lista de selección he de anotar siete universidades, así que la apuntaré y ya me ocuparé de lo demás más adelante.

—Pero tal vez descubras que Bufones no ofrece las asignaturas que te interesan, y diez otras universidades sí, y habrás perdido la oportunidad de inscribirte. En cualquier universidad encontrarás ocasiones de pasártelo bien, así que lo mejor es asegurarse de que los cursos académicos también te interesan.

—Bueno, sí, tal vez...

—Sólo quiero que reflexiones al respecto. Me preocupo por ti. Sé que esta noche te espera una tarea considerable; si quieres mi ayuda estaré en la habitación de al lado. Podría ahorrarte tiempo con esos aburridos sitios Web y obtener la información que necesitas.

—Gracias, ya te diré algo.

Lo mejor que ha hecho el padre de Jake ha sido ofrecerle ayuda. Como es quien insiste en que Jake no se presente para inscribirse en Bufones, acepta parte de la responsabilidad y le ofrece su ayuda. Buena jugada. No está garantizado que este enfoque vaya a funcionar y que Jake vaya a cambiar de planes, pero si ofreces tu ayuda, al menos eliminarás esa objeción.

Evita mostrarte autoritario y no intentes controlar la situación, pero ten presente que en circunstancias como ésta, tu opinión será de gran utilidad. Quizá tu hijo no está pensando a largo plazo, así que es mejor que pongas todo en perspectiva y le ayudes a aclararse.

Cuando Eric dice «Pero tal vez descubras que Bufones no ofrece los cursos que te interesan, y diez otras universidades sí, y habrás perdido la oportunidad de postularte» Jake oye

«Me limito a no perder de vista los detalles e intento ayudarte, pero no decidiré por ti». ¡Estupendo! Quizá Jake no lo vio así y la sugerencia de Eric le abrirá los ojos en vez de ser un comentario autoritario.

Si te atienes a este guión, habrás hecho todo lo posible sin afectar la relación con tu hijo. Lo más importante es plantear las ideas; ahora has de dar un paso atrás y dejar que tu hijo decida por sí mismo.

TAL VEZ DEBERÍA HABERLE COMPRADO UNA TAZA

El fin de semana pasado, Ed asistió a la vigésimoquinta reunión de alumnos de la universidad. En la tienda universitaria compró un par de cosas, incluido una camiseta de Princeton para Jack, su hijo de diecisiete años. El domingo, cuando regresó a casa, Jack estaba en el cine, así que dejó la camiseta sobre su cama.

Al regresar, Jack la descubre encima de la cama.

—¿Qué es esto? —le pregunta a su padre.

—La compré en la universidad. En esta familia hace falta un poco del viejo espíritu de Princeton...

—¿Cómo dices? —lo interrumpe Jack—. ¿Por qué me la has comprado?

—Porque se me ocurrió que a lo mejor te gustaría llevar la camiseta universitaria de tu padre. Si no quieres llevarla no importa. Pensé que te enorgullecerías de tu viejo y sus raíces.

—Claro, estupendo. Sé que te haces ilusiones sobre mí y Princeton, papá, pero de verdad: gracias, pero no, gracias. No quiero esta camiseta.

—¿A qué viene ese tono? ¿Qué te pasa?

—Verás, papá: tengo que aguantar que los otros chicos me den la lata con mi legado de Princeton, y que tú y mamá me lancéis indirectas sobre mi futuro princetoniano. Realmente no me hace falta una camiseta que pregona toda esa mierda. Estoy harto del tema de la universidad, de Princeton y de todo lo demás. Ya basta. Jolines.

—¿Qué tiene de malo ir a Princeton y enorgullecerte de que tus padres también hayan ido? No es ningún delito.

—No lo comprendes. No quiero ir, ¿vale? No quiero volver a hablar de este asunto, nunca más. ¿Acaso es tan difícil de comprender?

—Sí, lo es. No veo qué tiene de malo estudiar en Princeton ni llevar una camiseta con el nombre de la universidad. No te compromete a nada. No deberías dejarte afectar por los comentarios de tus amigos. A lo mejor están celosos.

Es normal que Ed quiera que su hijo siga sus mismos pasos; después de todo, ha dado un buen ejemplo yendo a Princeton. Pero Ed se pasa cuando dice «Pensé que te enorgullecerías de tu viejo» y «No deberías dejarte afectar por los comentarios de tus amigos».

Cuando un padre utiliza una palabra relacionada con el concepto del orgullo, el adolescente piensa «¿Así que intentas manipularme? No soy lo bastante estúpido para tragarme esa mierda». En dichas circunstancias, el adolescente hará exactamente lo contrario de lo que quiere el padre.

Además, cuando un padre sugiere que los amigos de su hijo intentan obligarlo a hacer algo en contra de su voluntad, se mete en un terreno donde se enfrentará a una gran resistencia. Cuando Ed dice «No deberías dejarte afectar por los comentarios de tus amigos», lo que Jack oye es un desafío. Cree que su padre lo desafía a enfrentarse a sus amigos llevando una camiseta que Jack jamás se pondría. Jack cree que su padre

insinúa que es débil, pusilánime y que elige mal a sus amigos. No debería ser necesario repetirte que, una vez más, ése
es el sistema ideal para que tu hijo haga lo contrario de lo que
quieres.

Debes comprender que si insistes en recordarle a tu hijo
que fuiste a la universidad equis, acabarás por fastidiarla. Si
otro le dice «Caray, ¿tu padre fue a Princeton?» puede que se
enorgullezca, pero si eres tú quien lo dice, creerá que intentas
controlar su vida. Y aún peor: puede intimidarlo. Creerá que
debe cumplir con una exigencia y que decepcionará a sus padres si no lo hace.

CONSEJOS

- Ten presente que tu hijo quiere impresionarte y
  cumplir con tus exigencias, pero no intentes apro-
  vecharte de ello: sólo lograrás que te salga el tiro por
  la culata.
- Por mucho que quieras que tu hijo vaya a una universidad de elite, debes hacerle comprender que sea cual
  sea su decisión, lo apoyarás. Puedes decirle que sientes preferencia por una determinada universidad,
  pero que también respetarás sus preferencias.
- Intenta dejar a sus amigos fuera de tus comentarios;
  si el tema es la universidad, tu hijo debería ser lo bastante adulto para elegir a sus amigos.

Puedes presentarle un desafío académico: «Apuesto a que
no logras sacar un sobresaliente en el examen de mates del pro-

fesor Johnson» a condición de que sepas que es capaz de hacerlo, pero plantearle exigencias imposibles o injustas es una pésima idea.

Todo adolescente intenta obtener la aprobación de sus padres de alguna manera. El truco consiste en no poner el listón demasiado alto. Supongamos que Jack acaba por ir a Princeton porque quiere contentar a su padre y obtener su aprobación. Si las cosas le salen mal, ya sea en lo social o en lo académico, le echará la culpa y su resentimiento será casi irreversible.

Pero la conversación también podría desarrollarse del modo siguiente:

Cuando Jack llega a casa, encuentra la camiseta encima de la cama.

—¿Qué es esto? —pregunta.

—La compré cuando asistí a la reunión. Espero que sea de la talla correcta.

—¿Por qué la has comprado? —lo interrumpe Jack.

—¿Por qué? ¿No te gusta?

—Claro, estupendo. Sé que te haces ilusiones sobre que vaya a Princeton, papá, pero de verdad: gracias, pero no, gracias. No quiero esta camiseta.

—Sólo es una camiseta. Nada más. Creí que te gustaría.

—Verás, papá: tengo que aguantar que los otros chicos me den la lata con mi legado de Princeton, y que tú y mamá me lancéis indirectas sobre mi futuro princetoniano. Realmente no me hace falta una camiseta que pregona toda esa mierda. Estoy harto del tema de la universidad, de Princeton y de todo lo demás. Ya basta. ¡Jolines!

—Tranquilízate, Jack.

—No lo comprendes. No quiero ir, ¿vale? No quiero volver a hablar de este asunto, nunca más. ¿Acaso es tan difícil de entender?

—De acuerdo, Jack, lo siento. No me di cuenta de que era un tema tan delicado. Tal vez la quiera tu hermana.

Ed manejó la situación perfectamente. No dijo nada que pudiera ofender a un adolescente. No perdió la calma cuando Jack se comportó de manera irracional y dejó que manifestara su disgusto. No se puso a la defensiva. Ed sabía que los insultos no iban con él, que todo giraba en torno a lo que le estaba pasando a Jack: «No me di cuenta de que era un tema tan delicado.»

Si Ed hubiera dicho «Jack, siéntate y escúchame. Quiero explicarte aquí y ahora que me da igual que vayas a Princeton», Jack no hubiera oído ni una palabra. Y aunque así fuera, no le habría creído. Creería que era un truco para obligarlo a ir a Princeton. De un modo u otro, se hubiera enfadado aún más. Dejar que Jack diera rienda suelta a sus emociones y dejar las cosas ahí fue una buena jugada.

Si Ed no dice nada, ¿cómo se enterará Jack de que a Ed le es indiferente que vaya a Princeton? Ahí entra en juego la segunda conversación. Lo único que Ed ha de hacer es retomar el tema cuando Jack se haya calmado y decirle algo por el estilo:

—Jack, parecías disgustado con el asunto de la camiseta. La compré porque creí que te gustaría, no porque quiero que sigas mis pasos y vayas a Princeton. Apoyo tus decisiones al cien por cien y nunca te presionaría para que vayas a Princeton o a cualquier otra universidad a la que no quieres ir. Si lo interpretaste así, lo lamento, pero quiero que sepas que mi intención no fue disgustarte u ofenderte.

Ed también podría decirle lo mismo a través de un correo electrónico, pero las dos opciones son buenas.

3

«¡PERO SI TODOS LOS DEMÁS IRÁN!»

El toque de queda y otros fenómenos nocturnos

Si bien parece que los chicos quieren establecer sus propios límites, no es así. Nos desagrada reconocerlo, pero en realidad necesitamos que nuestros padres nos orienten, porque sabemos que no somos capaces de ponernos límites razonables. Sabemos que la experiencia de nuestros padres evitará que cometamos errores, pero jamás lo reconoceremos.

El toque de queda

«¡PERO A ELLA LE DEJAN QUEDARSE HASTA MÁS TARDE!»

Es una noche agitada en casa de los Fox. Lara ha sido invitada a pasar la noche en la casa de su mejor amiga Rachel con tres amigas más, pero el toque de queda de Rachel es tres horas más tarde que el suyo. Cuando Rachel y Lara salen a solas, regresan más temprano, pero esta noche todas quieren volver más tarde. Aunque Lara ya sabe que la respuesta es «No», decide pedirle a sus padres que cambien la hora de regreso.

Jan y Steven, los padres de Lara, ya saben cuál es la pregunta y dicen «No» antes de que acabe de preguntar.

Disgustada y avergonzada por ser tan previsible, Lara rompe a llorar y ataca a sus padres.

—¡Sólo porque vosotros no salisteis cuando erais jóvenes no supone que tenga que pagar por ello! ¡Sois muy poco razonables! ¡Todas mis amigas tienen padres más enrollados y pueden volver a casa más tarde!

Tus hijos quieren que les pongas límites. Saben que deben cumplir con el toque de queda. Saben que es por su seguridad. Pero insistirán hasta que les digas lo que quieren oír.

No olvides que en el asunto del toque de queda la comprensión es fundamental. Aunque tus hijos te escuchen, a menudo hacen caso omiso del por qué. Asentirán con la cabeza, pero lo importante es que comprendan tus motivos.

Hacer de padre es parecido a vender un producto: para que te comprenda, tu hijo debe «comprar» tu idea. Si te pregunta «¿Por qué?» significa que te está escuchando y que empieza a comprender las reglas.

Pero ojo: la respuesta más habitual a «¿Por qué?» suele ser: «Porque lo digo yo. Ésa es la hora a la que alguien de tu edad debe estar en casa.» Y sabrás que para un adolescente, ésa no es una razón válida y su reacción no será la deseada. Hay otras frases que provocan reacciones no deseadas: «Mientras vivas en mi casa, obedecerás mis reglas» y «También tuve tu edad y sé lo que hacen los adolescentes cuando se hace tarde».

En vez de estas repuestas pobres, que podrían empeorar las cosas, he aquí tres modos de enfocar la cuestión del toque de queda que quizá vuelvan más agradable tu vida y la de tu hijo:

1. Sabes que los amigos de tu hijo deben llegar a casa a horas diversas, algunos más tarde y otros más temprano que el

tuyo. Tu hijo se compara constantemente con el amigo que tiene permiso para llegar más tarde. Llama a los padres de los amigos más íntimos de tu hijo y establece una hora conjunta para el toque de queda. La hora no importa: tu hijo ya no podrá convertirte en el malo de la película.

La ventaja es que si tu hijo pasa la noche fuera, sabrás exactamente a qué hora llegará. Pero eso supone un riesgo. Si tu hijo descubre que te has complotado con otros padres a sus espaldas, se disgustará. (Véase abajo cómo enfrentarse a esa situación.)

2. Si los amigos de tu hijo o tu hija tienen permiso para llegar a una hora con la que no estás de acuerdo, llega a un acuerdo: le parecerá que está negociando y de alguna manera «ganando», incluso si tú ya decidiste el resultado. Si siempre quiere llegar más tarde, ofrécele la posibilidad de hacerlo una vez a la semana, o al mes. Es probable que se sienta satisfecho, no sólo contigo sino consigo mismo. Pero recuerda que será una satisfacción transitoria porque todavía no ha conseguido todo lo que quiere y los adolescentes no paran hasta lograrlo.

3. Si lo que más te preocupa acerca del toque de queda son los borrachos al volante, hazte con estadísticas y artículos que ilustren la cuestión. Recórtalos. Déjalos encima de la mesa de la cocina durante un par de días. En algún momento, tu hijo los verá y aunque no los lea, quizás un vistazo a los titulares surtirá efecto. Así comprenderá que no es que no confíes en él o ella: crees que los peligrosos son los demás. Tal vez sea lo bastante responsable para no conducir borracho o montar en un coche conducido por un borracho, pero eso no significa que el conductor del otro coche esté sobrio.

«¡SÉ QUE HABLASTE CON SUS PADRES! ¡TE ODIO!»

Heather tiene quince años y siempre se queja de que debe estar en casa mucho antes que su amiga. Laura, su madre, decide que ha llegado la hora de averiguar si dice la verdad, porque quiere saber si el toque de queda que le ha impuesto es razonable.

Laura llama por teléfono a Karen, la madre de la amiga de Heather, y ambas deciden que la hora de los toques de queda es exagerada. Laura mantiene el de Heather y Karen obliga a su hija a llegar antes.

Al día siguiente, Andrea, la hija de Karen, le monta un escándalo a Heather. Avergonzada porque ni siquiera comprende qué está ocurriendo, Heather intenta defenderse diciendo que su madre jamás haría tal cosa. Pero en realidad no tiene ninguna duda; esa noche Heather regresa a casa y se enfrenta a Laura.

—¿Cómo pudiste llamar a la madre de Andrea? ¡Apenas la conoces! Ahora le han adelantado el toque de queda y todo por tu culpa. Una cosa es que me amargues la vida a mí, pero no tienes por qué amargársela a mis amigas. ¡Ahora Andrea me odia! —chilla Heather a pleno pulmón.

Laura intenta contestarle en tono razonable.

—Sólo hablamos de madre a madre y Karen también consideró que la hora del toque de queda era inadecuada, así que decidió cambiarla. Yo no le dije que hiciera nada. Sólo quise comprobar si te había impuesto una hora poco razonable, y resulta que no.

—¡No es cierto! Que otra madre esté de acuerdo con tu ridícula teoría según la cual una quinceañera debe estar en casa antes de las once no significa que tengas razón. No sólo has estropeado mis salidas, también has estropeado mi amistad con Andrea. Así se hace, mamá.

Error. Si no eres amiga de la otra madre, no la llames. Una cosa es que tu hija esté invitada en la casa de su amiga y llames a la madre y digas «Gracias por invitar a mi hija. ¿A qué hora regresarán esta noche?». Y otra que llames a una desconocida para comentar la hora del toque de queda.

Aprobamos la idea de llamar a una madre de la que eres amiga, porque las amigas hablan de los asuntos que les interesan, y tu hija lo comprenderá. Pero si te dedicas a hablar con madres que no conoces, tu hija no sólo se sentirá traicionada, además tendrá problemas con sus amigas. Tal vez no intentes «estropearle la vida», pero ella lo interpretará así. Pensará «Mi madre no quiere que tenga vida social. Es como si quisiera que todos los chicos del instituto me aborrezcan. ¿Cómo pudo hacerme esto?».

«¿CÓMO PUDISTE HABLARLE A JAN DE ESO?»

Cuando Nancy decide averiguar si Rachel dice la verdad sobre la hora de volver a casa, llama a su buena amiga Jan, que también es la madre de una de las amigas de Rachel. Ambas hablan de los toques de queda de sus hijas y de los de otros chicos, y de qué es razonable y qué no lo es tanto.

Por fin deciden que la hora de llegada del grupo de sus hijas se ha vuelto exageradamente tarde, e incluso puede ser peligrosa. Nancy insiste en que su hija llegue temprano y Jan decide cambiar la hora de llegada de su hija de las doce y media a las once.

Al día siguiente, Emma, la amiga de Rachel, le monta un escándalo en el instituto. Avergonzada porque no sabe qué ocurre, Rachel hace causa común con Emma, se disculpa por su madre y dice que es una «neuras». Esa noche, Rachel se enfrenta a su madre.

—¿Cómo pudiste llamar a Jan? Ahora Emma tiene que llegar una hora y media más temprano y todo por tu culpa. Una cosa es que me amargues la vida a mí, pero no tienes por qué amargársela a mis amigas. ¡Ahora Emma me odia! —chilla Rachel.

—Eso no es justo, Rachel. Sólo le pedí consejo a una amiga mía. ¿Acaso nunca les pides consejos a tus amigas? No la llamé para que cambiara la hora del toque de queda de Emma. La llamé para invitarla a almorzar y acabamos hablando de la hora en que debéis volver a casa. Cuando le dije lo que opinaba, decidió cambiar la hora por su cuenta. Fue una conversación entre dos personas adultas. No creerás que podría convencerla de que cambiara de idea si no quisiera, ¿verdad? Además, sabes que somos buenas amigas, y las buenas amigas hablan de cuestiones importantes y sé que para ti, el toque de queda es una cuestión importante.

—Pues acabas de poner en juego mi amistad, así que es improbable que yo sepa algo de la buena amistad, ¿verdad? —chilla Rachel.

—Sabes que jamás pondría en peligro intencionadamente tu relación con Emma, y que sólo estará enfadada durante un par de días. No es justo que me acuses cuando lo único que he hecho ha sido hablar con una buena amiga y explicarle por qué debes estar en casa más temprano. Si quieres, hablaré con Jan y ella le dirá a Emma que tú no tenías nada que ver con el asunto y que no debe estar enfadada contigo.

—Ya has hecho bastante, muchas gracias.

Si has hablado con tu amiga, que por casualidad es la madre de la amiga de tu hija, no has hecho nada malo. En esta conversación, cuando Nancy dice «¿Acaso nunca le pides consejos a tus amigas?» desafía a Rachel a establecer un paralelo entre sus amigas y las de su madre; es algo tremendo. Obliga a Rachel a enfocar el asunto de manera realista. En vez de soltarle una racionalización interminable, Nancy resume y dice «¿Acaso tú no hablarías con tus amigas?».

Con estas palabras —y cuando comprenda de qué iba la conversación— tu hija se dará cuenta de que no tienes ninguna culpa (no olvides que esto podría enfadarla aún más, ya que siempre es más fácil echarle la culpa a los padres que hacerse responsable de las circunstancias).

Puede que no te diga: «Vale, mamá, tienes razón. No debería enfadarme contigo porque no hiciste nada malo. Todo fue culpa mía. Lo siento.» Pero si después de explicárselo tu hija abandona la habitación, quizá sepa que estabas absolutamente justificada al hacer lo que hiciste. Ya no está enfadada contigo, pero no quiere reconocer que estaba equivocada.

«¡PERO TODOS IRÁN!»

Esta vez, Lara se quedará a dormir en casa de Hilary y pide a sus padres que le permitan llegar más tarde para quedarse más tiempo con sus amigos. Cuando sus padres se niegan, Lara los ataca.

—¡Yo no tengo la culpa de que vosotros no salierais cuando erais jóvenes! ¡Sois muy poco razonables! ¡Todas mis amigas tienen padres más enrollados y pueden volver a casa más tarde! ¡Es muy injusto!

—Por favor, Lara, eso no funcionó la primera vez, y ahora tampoco lo hará.

—Escuchadme, por favor. Se supone que esta noche

será muy divertida porque son las vacaciones semestrales y los amigos canadienses de Hilary están aquí. Y me encantaría poder salir hasta tarde. Por favor, papá, mamá, no es justo.

—Establecimos la hora de volver por un motivo específico. Consideramos que es una hora adecuada para que una persona de tu edad llegue a casa. Si te diéramos permiso para llegar más tarde, estaríamos quebrantando nuestras propias reglas. No nos puedes pedir eso.

—Bien, ya sé que esta noche no me dejaréis quedarme hasta más tarde porque os parece peligroso, pero en el futuro, si demuestro que merezco vuestra confianza y siempre llego a la hora y me comporto exactamente como queréis, ¿al menos podemos hablar de cambiar la hora del toque de queda? Ya os he demostrado que soy responsable. No me quedo dando vueltas por la calle. ¡No comprendo por qué media hora supone una diferencia tan grande!

—Tienes razón. Esta noche no te dejaremos volver más tarde. Pero también es cierto que has demostrado que podemos confiar en ti, así que te proponemos lo siguiente. Si sigues así durante todo el mes que viene y durante las vacaciones de Semana Santa, entonces podrás salir hasta más tarde una noche al mes. Pero sólo si nos avisas con antelación y si nos dices dónde estarás.

—¿De veras? ¿Y si resulta que me estoy divirtiendo y quiero quedarme? No lo sabré con antelación.

—¿Por qué no probamos con este sistema primero? Si no abusas de este privilegio y te comportas de manera responsable, entonces lo discutiremos. Te estamos dando la mano, no te tomes todo el brazo. Volveremos a comentarlo después de Semana Santa.

—Bueno.

Esto salió bien. Llegar a un acuerdo es una buena estrategia, porque como acabas de concederle un privilegio, tu hija no podrá protestar sin sentirse ridícula. Puede que los adolescentes insistan en obtener la respuesta «correcta» y hagan caso omiso de lo que tú les propones, pero ten paciencia y espera hasta que se cansen.

Quizá pienses que si no aprecian los compromisos a los que estás dispuesta a llegar, ¿para qué hacerlos? Pero los apreciamos, de verdad. Nos sentimos agradecidos y contentos, ¡pero no dejamos de ser adolescentes! Queríamos conseguir que nos dejes llegar más tarde ahora mismo, esta noche, y no llegar a un acuerdo futuro. Así que tendrás que tomártelo con calma y seguir diciendo «No» hasta que finalmente interpretemos «No» en vez de «Insiste. A lo mejor ceden».

A la quinta vez, podrás decir «Si vuelves a repetir la misma pregunta, retiramos la oferta y esta noche no sales, y punto». Esa amenaza nos detendrá porque seguiremos insistiendo hasta llegar al límite, y eso nos hará saber que lo hemos alcanzado.

Repercusiones por llegar tarde

«¡ES UNA INJUSTICIA!»

Jane tiene dieciséis años y debe estar en casa a las once. Son las diez y media de la noche de un viernes y está con unos amigos en casa de una amiga mayor, que puede regresar a casa cuando quiera. Los demás pueden llegar más tarde que Jane. Sus padres no desaprobarían nada de lo que está ocurriendo, pero Jane se lo está pasando en grande y no está dispuesta a marcharse. Jane sabe que debería vigilar la hora para no llegar tarde, pero los demás chicos han puesto una película que ella no ha visto y se le va el santo al cielo. Justo antes de las once, Jane mira su reloj, coge sus cosas y se marcha. Sabe que sus padres la estarán esperando cuando llegue y, cuando abre la puerta a las once y cuarto, ahí están: su madre paseando por la habitación con nerviosismo y su padre está sentado junto al teléfono.

—¡Lo siento! Perdí la noción del tiempo. Ya sé lo que vais a decir. Lo siento. —Jane intenta apaciguarlos incluso antes de que sus padres abran la boca.

—Esto es completamente inaceptable, Jane. Deberías haber llegado a las once; si no respetas la hora de volver, olvídate de salir de noche a partir de ahora —dice su padre, lanzándole una mirada decepcionada.

—Lo siento. Estábamos viendo una peli y perdí la noción del tiempo y...

—No basta con decir que lo sientes. Has llegado tarde y tu padre y yo nos hemos preocupado mucho. Tu padre tiene razón, durante los dos próximos meses no saldrás...

—¡Pero mamá!

—No pienso discutir, Jane.

—¡Mamá! Esto es ridículo. Sólo he llegado quince minutos tarde, así que es imposible que os hayáis preocupado tanto. ¡Y es muy injusto! Llego quince minutos tarde ¿y no puedo salir durante dos meses? ¡Os estáis pasando un montón!

—No, Jane, la que te has pasado eres tú. Vete a la cama. Seguiremos hablando por la mañana.

—¡No te molestes! ¡No pienso volver a dirigirte la palabra!

Llegar tarde puede suponer un problema serio, pero no hay motivos para que Jane y sus padres monten semejante escenita. El modo de evitar toda esta situación es hablarle a Jane de las repercusiones antes de que salga por la puerta.

Cuando hables con tu hija al principio del curso o del verano, o cuando establezcas una nueva hora de llegada, explícale las consecuencias de llegar tarde. Así, cuando llegue tarde, tu hija sabrá lo que le espera. Se enfadará, pero en el fondo sabrá que es culpa suya.

En ese caso, Jane no se habría enfadado tanto y no se hubiera montado semejante follón, porque ya sabría que si llegaba quince minutos tarde, no podría volver a salir de noche hasta fin de año.

Aunque adoptes este enfoque, no evitarás una discusión con tu hija cuando le plantees las consecuencias, porque los adolescentes se niegan a que les reduzcan sus privilegios. Pero es mejor tener una pelea al principio, cuando las cosas aún pueden discutirse. Si esperas hasta que tu hija llegue tarde, se enfadará y no te escuchará.

Si tu hija llega tarde y se sorprende y se enfada al descubrir que el castigo es más severo de lo que había imaginado, aún es posible evitar una pelea. La clave consiste en mantener la calma, porque entonces tu hija no podrá chillar y disgustarse sin parecer irracional. Si mantienes la calma mientras le explicas cómo te sientes y cuál será su castigo y por qué, se enfadará pero no estallará. Sabe que ha metido la pata y que tú tienes razón, así que quizá se enfade y se marche a su habitación, pero no te increpará.

E intenta hablar con tu hija a solas. Los padres de Jane le dijeron lo decepcionados que estaban y que disculparse no era suficiente: eso no es necesario. Aunque apoyamos la idea de que ambos padres estén presentes para que el adolescente no logre enfrentarlos entre sí, basta con que uno le diga que está decepcionado. Dos es demasiado.

¡Y no te repitas! Sólo lograrás irritar a tu hija y evitar que te escuche. La discusión debe ser breve y concisa. Si te repites, incitas a tu hija a que haga caso omiso de ti.

UN ENFOQUE MÁS POSITIVO (AUNQUE NO SE ESTABLECIERAN PREVIAMENTE LAS REGLAS)

Jane entra por la puerta con quince minutos de retraso.

—¡Lo siento! Perdí la noción del tiempo. Ya sé lo que vais a decir. Lo siento.

—Eso es inaceptable. Si te pedimos que vuelvas a una hora concreta es por algo.

—Lo sé, pero es la primera vez que llego tarde.

—Es cierto, pero eso no significa que no lo tengamos en cuenta.

—Lo sé. ¿Y ahora qué pasará?

—Tu madre y yo tendremos que hablar de ello, pero me parece que no podrás salir durante un par de meses.

—¡Eso es demasiado! ¿Estás loco?

—No, Jane. La hora de volver a casa es una cuestión importante... y tú lo sabes. No puede ser que hagas lo que te apetezca. Debes comprender que no seremos flexibles porque para nosotros se trata de tu seguridad. Nos hemos preocupado mucho. Ésta es la manera de hacer que lo comprendas.

—Lo comprendo. Sé que metí la pata.

—Lo sabemos, pero hay consecuencias y en este caso suponen que no saldrás de noche durante dos meses.

—Vale, de acuerdo. Comprendido.

Puede que Jane no esté precisamente contenta, pero ésta ha sido una buena conversación porque sus padres no perdieron la calma y sólo ha tomado la palabra uno de los padres, evitando que Jane perdiera los nervios.

Conservar la calma es el primer paso para evitar una pelea importante. El segundo es reconocer que tu hija sabe que ha metido la pata, que admitir su error y no excusarse habla a su favor porque lo que quiere es ser tratada como una adulta. Una vez que lo hagas, dejará de oponerse a todo lo que hagas y digas.

El padre de Jane admitió que ella se hacía responsable de sus propios actos cuando dijo «Lo sabemos, pero hay consecuencias y en este caso suponen dos meses sin salir de noche». Cuando reconoces que tu hija comprende que se ha equivocado, ya no te considerará su enemigo. En vez de pensar que el castigo es injusto y malvado, y se limita a ser una manifestación de tu poder, le parecerá que todos hablan del problema como adultos responsables.

Sabemos que nos castigarán, que es razonable porque infringimos una regla. Pero si nos tratáis como adultos y no perdéis la calma en vez de chillarnos, nos sentimos tratados como iguales. Quizás incluso pensemos que ejercimos cierta influencia en el castigo, y así será más probable que no nos pongamos histéricos.

EL MEJOR ENFOQUE (CUANDO LAS REGLAS SE ESTABLECIERON DE ANTEMANO)

Jane entra por la puerta quince minutos tarde.

—Lo siento. Sé que metí la pata. Perdí la noción del tiempo. No quería llegar tarde.

—De acuerdo. Nos tenías preocupados. Perdiste la noción del tiempo y ya conoces las consecuencias.

—Sí, lo sé, ¿vale? Sin permiso para salir durante dos meses y sin tele. Ya habíamos hablamos de ello, ya lo sé.

—De acuerdo, cariño. ¿Por qué no intentas dormir un poco?

—Jo. Buenas noches.

PELÍCULAS

Algunos críticos piensan que las películas y otros espectáculos son los responsables de la violencia de los adolescentes de hoy en día. Debido a ello, muchos padres han intentado evitar que sus hijos vean ciertas películas prohibidas para menores de dieciocho años, o las que contienen escenas de sexo y violencia, temiendo que tengan una influencia negativa. Pero lamentamos tener que informaros de que os equivocáis si creéis que vuestros hijos no las ven porque se lo hayáis prohibido. Si vuestro hijo es listo, asentirá con la cabeza y fingirá que comprende y respeta vuestros sentimientos con el fin de evitar una pelea, y después irá a verlas. Sabe que no cambiaréis de opinión, así que no malgastará su tiempo ni su energía discutiendo.

Pero algunos sí lo harán, incluso si no le dan mucha importancia. Son los que consideran que la prohibición de ver una película supone una cuestión más importante —la de su autonomía— y se oponen. Su reflexión es aproximadamente la siguiente: «No se trata de una película concreta. Se trata de que mis padres creen que pueden controlar mi vida y que no soy lo bastante adulto para tomar mis propias decisiones.»

También hay adolescentes que ni siquiera tienen ganas de ver una película en particular hasta que les dicen que no pueden verla. Entonces la verán porque quieren rebelarse, quieren ser uno de esos adolescentes que «viven al límite». Quieren demostrar que son lo bastante mayores para administrar sus propias vidas y que debéis dejar de hacerlo por ellos.

Si no queréis que vuestro hijo vea cierta película, no

le deis el dinero de la entrada. Entonces el mensaje será alto y claro: no la consideráis adecuada para él, pero aceptáis que es lo bastante adulto para decidir por sí mismo. También podéis decirle «Sé que en realidad no te importa, pero quiero que sepas el motivo por el cual no creo que merezca la pena que veas esta película». Tu hijo te escuchará e incluso puede que aprenda un par de cosas.

No seáis ingenuos y no creáis que vuestro hijo os obedece automáticamente sólo porque es lo bastante listo para asentir con la cabeza y decir: «Sí, papá.»

De acuerdo, tal vez no salga tan bien, pero no saldrá mucho peor porque se lo advertiste y sabía cuál era el castigo. No había mucho que discutir. En esta instancia, lo peor que puede pasar es que se enfade porque estaba frustrado consigo mismo, pero a la mañana siguiente se le habrá pasado.

Otra ventaja de aclarar las reglas y las repercusiones por adelantado es que tu hijo se encargará de llegar puntualmente, porque sabrá a qué se arriesga. Acabará por respetarlo en beneficio propio, si bien no en el tuyo.

A ti te parece una excusa..., pero a tu hija, no

La situación de Jane es muy común. Como sólo llegó con quince minutos de retraso, no una hora o más, lo reconoció pero se disculpó diciendo que perdió la noción del tiempo. También puede echarle la culpa a algo más inocuo, como el tráfico, o una amiga que la retuvo, o calcular mal el tiempo que le llevaría llegar a casa.

Lo primero que debes comprender es que tu hija no considera estas afirmaciones como excusas, sino más bien como motivos. No intentamos decir que eso significa que no debemos ser castigados, sólo queremos que sepas que —hasta cierto punto— tus reglas nos importan y las respetamos.

Cuando oigas esos motivos que te suenan a excusa, haz un esfuerzo y procura no perder la calma. Lo mejor es decirle a tu hija que se vaya a la cama. Si lo discutes ahora, cuando las dos estáis nerviosas, no será una discusión, será un griterío.

A la mañana siguiente, empieza por decirle que sabes que no tenía intención de llegar tarde. Dile que sabes que tal vez se equivocó, que de niña a ti te ocurría lo mismo y que sabes que es una lata que te castiguen, pero que debes tomar alguna medida. Así, tu hija al menos se sentirá escuchada y comprendida.

Si suele respetar la hora de regreso, no olvides decirle que lo aprecias y que sólo quieres que en el futuro tenga más cuidado. De lo contrario, pensará que sois unos seres insensibles, que ella sólo cometió un error y que eso es lo único que os importa. Estará más dispuesta a aceptar el castigo si sabe que sabéis que lo intenta.

¿Qué supone un castigo razonable por llegar tarde?

Por supuesto que tu hijo no admitirá que el castigo impuesto por llegar tarde es bueno, pero hay algunos castigos que merecerán más respeto que otros.

Tú eres el único que sabe lo que sería razonable para tus hijos, pero te recomendamos que no reacciones de forma exagerada. Si nos prohíbes salir durante varios meses nos sentiremos tan frustrados e irritados que ni siquiera tendremos en cuenta esas consecuencias. Quizá lo hagamos durante un par de semanas, pero una vez que comprendamos que falta mucho tiempo para que se acabe el castigo, nos enfadaremos, nos impacientaremos y saldremos a hurtadillas. Las consecuencias deben ser razonables y servir de lección, pero sin que tus hijos lleguen a aborrecerte.

Hay otra razón por la cual merece la pena hablar de las repercusiones con tus hijos adolescentes antes de que salgan. Aunque ningún castigo les caerá bien, descubrirás cuáles les parecen razonables y cuáles no respetarían durante más de una semana. Si un adolescente no lo considera razonable, el castigo no funcionará, así que hablar de ello es útil para lograr un resultado positivo. Sólo has de decirle «¿Qué castigo me impondrías si hiciera esto? Y sé sincero...».

Si quieres que cooperemos, el castigo por llegar diez minutos tarde no puede ser el mismo que si nos retrasamos dos horas. Es importante reconocer la diferencia. Y también es bueno disponer de un plan para casos excepcionales, como cuando llegamos tarde debido a causas ajenas a nuestra voluntad. En ese caso, concédenos un margen de flexibilidad de cinco o diez minutos más, porque no es justo que nos castigues por llegar cinco minutos tarde debido al tráfico o algo por el estilo. Evidentemente, no se trata de alargar la hora del toque de queda, pero el margen entraría en vigor en las escasas ocasiones en que llegamos tarde. Es una idea muy buena si tu hijo siempre llega puntualmente y respeta tus demás reglas. Si nos otorgas ese margen, no nos sentiremos presionados y sabremos que confías en nosotros.

Si comunicarte con tus hijos cuando salen de noche supone un problema, diles que llamen a cierta hora o cuando cambian de lugar. Así sabrás en todo momento dónde están y qué están haciendo. Llamar por teléfono evita la incomunicación, pero no los abrumes con reglas. Cuantas más establezcas, tanto más fácil será que tu hijo no las cumpla o las olvide.

Si tu hijo se niega a llamar por teléfono, debes imponérselo. Si significa que te quedarás tranquila, debemos llamar. Sabemos que es una petición razonable. También es un buen sistema para llegar puntualmente, porque evitará que tus hijos se despisten.

PUNTOS CLAVES QUE DEBES RECORDAR

Procura establecer las repercusiones de antemano, para que tú y tu hijo sepáis a qué ateneros. Incluso si no lo has hecho antes, y habéis tenido muchas peleas debido al toque de queda, nunca es demasiado tarde para establecer todas las reglas y las repercusiones.

Establece horas fijas para que tu hijo te llame cuando está fuera de casa.

El castigo por infringir las reglas debe adaptarse a las circunstancias (por ejemplo, no debe ser el mismo por llegar quince minutos tarde que una hora tarde).

Si tu hijo se retrasa, procura no perder la calma. En ese caso, sabrá que estás siendo razonable y cumpliendo con tu tarea, aunque no lo reconozca.

Si no logras conservar la calma a la una y media de la mañana, cuando hace dos horas que tu hijo debería estar en casa y durmiendo, expresa tu decepción, enfado o frustración, pero no exageres. Retoma el asunto a la mañana siguiente, cuando ambos os hayáis tranquilizado y tu hijo haya tenido la oportunidad de reflexionar sobre lo ocurrido.

Si debes reprenderlo por cualquier circunstancia, no olvides reconocer que también hace cosas positivas (porque seguro que es así). Si sabe que comprendes que lo intenta se sentirá mejor y será más fácil que acepte el castigo.

«Haz lo que digo, no lo que hago»: fumar y beber

Fumar

Lo primero que hemos de decirte sobre el hecho de fumar es lo siguiente: si fumas, deja de hacerlo. Si no quieres que tu hijo fume, debes dejar de fumar. Una de nuestras actividades predilectas es tomar nota de la hipocresía de los adultos y mientras sigas fumando, ningún adolescente se tomará en serio lo que digas sobre el hecho de fumar.

Lo siguiente es tener presente la importancia que tu hijo le da a tu opinión. Tal vez te sorprenda, pero a menudo lo que más le importa es la opinión de sus padres. Por eso desconfiamos y no os hacemos confidencias. Los adolescentes siempre están a la defensiva, intentan protegerse ocultando información. Quizás os resulte doloroso, pero es el mayor cumplido que un adolescente puede hacerle a sus padres. Le damos tanta importancia a vuestra opinión que os ocultamos cosas porque tememos que las desaprobéis.

Ahora que lo sabes, que no se te olvide: si tu hijo adolescente te está ocultando algo, quizá sea porque sabe que no lo aprobarás.

Si tu hijo te oculta que fuma y lo descubres, pregúntale directamente por qué se esconde. Probablemente no reconocerá que sabe que no debe hacerlo; en cambio dirá algo como «No lo pensé». Acaba de delatarse sin darse cuenta. Sin perder un minuto, dile lo siguiente: «Si no lo pensaste, ¿por qué te molestaste en ocultarlo? Si lo ocultas, es porque sabes que está mal.»

Si cada vez que te enfrentas a tu hijo lo tienes presente, te será más fácil no aceptar sus excusas. Tu hijo sabe que quieres creerle y a veces intentará aprovecharse de ello. Esa pregunta establecerá los hechos y no la historia distorsionada que tu hijo intenta endilgarte.

Cuando encuentres cigarrillos u otros objetos comprometedores en su habitación, no olvides que para él se trata de una cuestión relacionada con su intimidad (véase Capítulo 1). Él no lo verá de la misma manera que tú: lo interpretará como un complot, así que tendrás que enfrentarte a ello antes de centrarte en el auténtico problema, que es su salud.

«AQUÍ HAY ALGUIEN QUE MIENTE»

Son las siete y David está llegando tarde a una cena de negocios. Adam, el hijo quinceañero de David, tomó prestada la corbata de su padre para asistir a una fiesta y por lo visto no tuvo tiempo de devolvérsela. David busca la corbata en la caótica habitación de Adam. Se le ocurre que tal vez la haya metido en la cesta de la ropa sucia.

Como no tiene ganas de revolver toda la ropa, David desparrama el contenido de la cesta en el suelo y encuentra un paquete de cigarrillos y un mechero.

Indignado ante la idea de que Adam fuma en secreto, David lo llama al móvil y lo interroga sobre los cigarrillos.

—Estaba buscando mi corbata en tu habitación...

—¿Has entrado en mi habitación?

—Como no me habías devuelto la corbata tuve que...

—Está en el baño. ¿Podemos hablar después? Estoy a punto de entrar en el cine.

—Adam, he encontrado tu paquete de tabaco.

Desconcertado, Adam cuelga. David vuelve a llamarlo. No hay respuesta. Vuelve a llamar: el móvil está desconectado.

Temiendo que Adam haga algo drástico, David llama a su socio, le dice que ha surgido una emergencia y no podrá ir a cenar.

Pasan tres horas y media. La película debería haber terminado hace rato, pero el móvil de Adam sigue desconectado.

El primer error ha sido intentar hablar de la cuestión por teléfono. Es prácticamente imposible ejercer un control telefónicamente. Mira lo que ha ocurrido: Adam ha colgado.

Cuando lo llama al móvil, David permite que Adam se desentienda del problema en vez de procurar resolverlo. Al igual que para los demás, para un adolescente es más fácil evitar una situación que enfrentarse a ella. Si David realmente siente la necesidad de abordar la situación de inmediato, debería decirle a su hijo que regrese a casa e informarle de lo sucedido.

A lo mejor Adam cuelga porque no sabe qué decir. O bien son sus cigarrillos y no sabe si admitirlo o no, o no son suyos y no quiere quedar mal delatando al culpable delante de sus amigos. Pero la verdad es que a veces los adolescentes quieren que los descubras y te enfrentes a ellos. Así comprueban que sus padres les prestan atención. Si un adolescente fuma, no quiere que a sus padres le parezca bien. Una cosa es aceptarlo, pero aprobarlo es algo muy diferente.

Cuando los adolescentes fuman, toman drogas, beben alcohol, etc., quieren que los padres les pongan límites. No quieren que pasen por alto estas conductas. Aunque otros chicos piensen que tienen padres «enrollados», al más importante, es decir a su propio hijo, le parecerá que él ya no les importa.

Es importante abordar estas cuestiones de frente, pero con cuidado. Cuando David dice: «He encontrado tu paquete de tabaco», Adam se siente acusado. Eliminando la palabra «tu» y diciendo «He encontrado un paquete de tabaco en el cesto de la ropa sucia», Adam pensará que puede explicárselo y tal vez no cuelgue.

QUÉ HACER SI TU HIJO CONFIESA QUE FUMA Y DICE QUE QUIERE DEJARLO

Cuando Adam regresa a casa, su padre lo espera ansiosamente. Adam entra en su habitación y descubre a su padre sentado en la cama. David juguetea con las llaves y evita mirarlo a los ojos, esperando que diga algo. Por fin, Adam le dice:

—No deberías haber entrado en mi habitación sin mi permiso, pero... lo siento.

—¿Y eso qué significa? ¿Que los cigarrillos son tuyos o que te disculpas por colgar?

—Supongo que las dos cosas —musita Adam y se dispone a marcharse.

—¿Y eso es todo? ¿Crees que basta con disculparte?

—¿Qué quieres que diga, exactamente?

—Pues podrías empezar por decirme cuándo empezaste a fumar.

—No lo sé, hace unos meses. Pero sólo fumo los fines de semana. He intentado dejarlo.

—Sí, es difícil. A mí también me ocurrió. Una vez que empiezas, es difícil dejarlo. ¿Tus amigos fuman?

—Algunos.

—Por Dios, Adam, ¿de verdad quieres dejarlo? ¿O se trata de una especie de competición entre vosotros?

—Acabo de decírtelo, papá. Lo he intentado, pero ¡es difícil! ¡Tú acabas de decir lo mismo!

—Pues tendrás que esforzarte.

—Sé que debo dejarlo, ¿vale?

CONSEJO

Como Adam, otros adolescentes emprendieron ese camino antes de que sus padres lo notaran. ¿Cómo descubrir si tu hijo ha empezado a fumar?

¿Suele salir a pasear por la noche?

¿Huele a humo cuando vuelve a casa? (Si es así, no significa que fuma; podrían ser sus amigos o deberse al lugar donde se encontraba.)

¿Con cuánta frecuencia lo visitan sus amigos? ¿Ha estado frecuentando a otros chicos?

A los adolescentes les resulta fácil fingir y decirles a sus padres lo que quieren oír; tal vez sólo digan que quieren dejarlo para que te calles, pero debes seguir hablando de la cuestión.

No es precisamente una noticia de primera plana cuando les dices que fumar es malo, y hacer que se sientan culpables sólo es una solución provisional. No creas que bastará sermonearlo sobre el hecho de fumar. Tu hijo se largará pensando: «Bueno, ya está. Me he librado. ¡Sólo he tenido que fingir que le hacía caso durante cinco minutos!»

CUANDO LOS ADOLESCENTES DICEN «LO SIENTO»

Supongamos que Adam dice que quiere dejarlo y ya se ha disculpado por ocultar que fuma. No basta con que haya dicho lo correcto y parezca tener buenas intenciones: eso no significa que lo logre.

Si dejas que se libre sólo porque dijo «Lo siento», pensará que esas palabras eliminan lo que hizo. No significa que no lo diga en serio, pero a los chicos les cuesta muy poco decir que lo sienten, porque saben que es una respuesta para todo y lo que tú quieres oír. Disculparse es el primer paso, pero deben comprender que las cosas no acaban ahí.

Cuando Adam dijo «Sé que debería dejarlo», la palabra clave es «debería». No es lo mismo que decir «debo». Al igual que sabe que fumar es malo para la salud —pero no deja de fumar— sabe que debería dejarlo pero no lo hace. Esta situación le ofrece a David la posibilidad de obligar a Adam a enfrentarse a los hechos y preguntarle si realmente quiere dejarlo.

Primero debes comprender que fumar o beber no es algo intrascendente, como ver demasiada televisión. Si no te lo tomas en serio, a la larga será peor. Dejar que tu hijo se desentienda de la situación después de haber hecho una promesa vana puede parecer la solución más fácil, pero tu hijo lo interpretará de la manera siguiente: «Mis padres no le dan la suficiente importancia como para ayudarme. ¿Por qué debería esforzarme si ellos no lo hacen? Bastará con que esconda los cigarrillos en otro lugar y finja que lo he dejado. Si la primera vez no lo han notado, ¿por qué habrían de notarlo después?»

Así que sé sincero. Aborda la situación de frente y dile claramente lo que esperas que haga, aunque reaccione mal. Deberás ser estricto con él, no sólo para demostrar que te importa sino también para obligarlo a cumplir con lo prometido.

Procura no reaccionar frente a los sentimientos de tu hijo hasta que te haya comprendido. Y aún más importante, no dejes que te manipule diciendo «Pero es muy difícil, papá» o

«Lo que más me molesta es que hayas estado husmeando entre mis cosas sin pedir permiso».

Todos los adolescentes saben que la mejor táctica frente a los padres es obtener su comprensión. Aunque te sientas comprensivo, es mejor que no lo demuestres hasta que hayan asumido lo que esperas de ellos. Los adolescentes necesitan que los padres sean directos en asuntos como éste. Es la única forma de que el mensaje sea claro.

Recuerda que hagas lo que hagas, tu hijo no te lo agradecerá..., al menos de momento. Pero ni se te ocurra decirle que te lo agradecerá más adelante. Lo único que interpretará será: «Seré condescendiente porque tengo razón y tú sólo eres un chico que no es lo bastante mayor para comprenderlo.»

ALGUNAS MEDIDAS POSIBLES

1. Ofrécele pagar una parte o un programa completo de parches o chicles de nicotina. Pero con eso no basta. Haz hincapié en los motivos por los cuales ha dejado de fumar, de lo contrario la tentación de volver a caer será demasiado grande.

2. Llévalo a un programa de desintoxicación para adolescentes. En dicho entorno, tu hijo podrá identificarse con otros chicos de su misma edad que pasan por lo mismo. Además puede haber temas de los cuales tu hijo no quiera hablarte; quizá se sienta más cómodo con otros que no lo conocen tan íntimamente como tú y frente a quienes no se sentirá juzgado.

3. No siempre es así, pero a menudo el hecho de fumar enmascara otros problemas. Aunque logres que deje de fumar, puede que fumar no sea la raíz del proble-

ma. Podrías ponerte en contacto con un psiquiatra, psicólogo, trabajador social u otro profesional con el cual tu hijo pueda hablar de otras cuestiones que le preocupan. Quizás haya varios aspectos de su vida social que no quiere comentarte, ya sea relacionados con sus amigos o sus propios hábitos. Además, un profesional será más objetivo que cualquier padre, y una perspectiva ajena puede resultarle instructiva. (Claro que funcionará mejor si está de acuerdo y no tienes que arrastrarlo pataleando y chillando.)

¿QUÉ HACER SI RECONOCE QUE FUMA PERO NO MUESTRA NINGUNA INTENCIÓN DE DEJARLO?

Cuando Adam regresa a casa, su padre lo está esperando en su habitación. Adam juguetea con sus llaves y su padre se irrita.

Por fin Adam pregunta:

—¿Qué haces?

—¿Que qué hago? ¿Qué has estado haciendo tú durante las últimas cinco horas?

—Te dije que iba al cine —contesta Adam en tono cortante.

—¿Crees que te librarás sin hablar de ello?

—¿Qué quieres que diga, exactamente?

—Puedes empezar por decirme cuándo empezaste a fumar. —Adam no contesta; se limita a lanzarle una mirada furiosa a David—. Adam, yo también he sido fumador. Puedes decírmelo.

—Vale, a veces fumo..., pero sólo para aliviar el estrés..., el que me causáis tú y mamá.

—Por Dios, Adam, hablas como si no tuviera importancia. ¿Quieres dejarlo, o no?

—En realidad, no. Puedo controlarlo. No soy adicto.

—Así empiezan todos, hasta que un día te despiertas con dolor de cabeza porque no has fumado un cigarrillo.

—No te pido que lo comprendas, papá, pero se trata de mi cuerpo. Creo que he sido bastante respetuoso al no fumar en casa. Si yo te respeto, quiero que tú también me respetes aceptándome como soy. Así que corta el rollo.

Estás impresionado. Por fin ha sido sincero. Pero ¿te gusta la persona en la que se ha convertido? Probablemente, no. Tienes la oportunidad de producir un cambio, pero debes estar dispuesto a luchar, porque un adolescente que piensa de esta manera lo estará. No olvides que no querrá escucharte. Te dejará fuera, como Adam cuando hace caso omiso de la advertencia de su padre: «Así empiezan todos.»

En un par de años, tu hijo estará en la universidad y para entonces esperas haberlo educado para ser capaz de tomar las decisiones adecuadas. Ahora, durante sus años de adolescencia, intentas enseñarle a hacerlo. Los adolescentes suelen fingir que no te escuchan, pero no te detengas aunque parezca que tus palabras nos entran por un oído y nos salen por el otro; en realidad asimilamos mucho, aunque no te lo digamos.

Tu hijo aún vive en tu casa, y aunque no aproveche la información que le proporcionas, respetarte y escucharte no le hará ningún daño. No permitas que te deje fuera o manipule la situación. Dile algo por el estilo: «Escuchar lo que te digo con respecto a esta cuestión no te hará daño, es más, incluso puede resultarte útil. Yo estoy dispuesto a escucharte, así que tú también debes escucharme a mí.» Pero no cuentes con ello como táctica para que deje de fumar. Sólo es una oportunidad para tratar de convencerlo.

Por desgracia, no eres tú quien debe tomar la decisión final. Si un adolescente no comprende por qué debe dejarlo y si no lo decide por sí mismo, entonces dentro de dos años, cuando esté viviendo en el campus, volverá a fumar. Si los adolescentes no comprenden y aprecian las reglas establecidas (sobre la hora de volver a casa, los deberes, la bebida, etc.), y sólo las consideran como algo que los padres les imponen, decidirán que la universidad les ofrece la oportunidad de hacer todo aquello que tenían prohibido; se desquitarán y eso a la larga sólo les perjudicará.

Quizá pienses que tus reglas son poco estrictas y bastante adecuadas. No crees que tu hijo vaya a desmandarse en la universidad, ya que eres muy indulgente. Si estudia mucho para un examen y sin embargo obtiene una mala nota, seguramente dices: «No pasa nada, a condición de que te esfuerces al máximo.» La misma actitud es aplicable a cosas como fumar.

Éste es un enfoque idóneo para hablar del asunto con tu hijo: «Nunca aprobaré que fumes. Sabes perfectamente que no es saludable. Sé que has tomado una decisión y que crees que mi opinión no importa, y no querrás oír mis sermones durante los próximos veinte años. Pero como padre, no puedo aceptar que fumes sin hacer un último intento. Quiero que dispongas de toda la información con respecto a las consecuencias de fumar, así que durante las próximas dos semanas asistirás a un programa sobre el tema. Quizá no te exijan que lo dejes, pero te proporcionará la información necesaria para tomar una decisión. Si asistes a este programa y sin embargo decides seguir fumando, te dejaré en paz. No lo aceptaré, no te pagaré los cigarrillos ni te permitiré que fumes en casa, pero ya no intentaré decidir por ti.»

Tú eres el padre, y por eso será más difícil que reconozca que tienes razón. Un programa sobre la cuestión puede ofrecerle una perspectiva más objetiva e informada, que tal vez le provoque una reacción positiva.

TÁCTICA PARA QUE CONFIESE SI FUMA
Y TE LO OCULTA

Cuando Adam vuelve a casa, su padre lo está esperando en su habitación.

—Lo siento —dice Adam—. No debería haber colgado. Esos cigarrillos no son míos, pero no podía decírtelo porque mis amigos creerían que soy un chivato, y estaban a mi lado.

—¿Por qué habría de creerte?

—¿Alguna vez te he mentido? —pregunta Adam en tono desafiante.

—No, pero ¿no te parece un poco sospechoso? ¿Por qué estaban en la cesta? Si esta noche viste a tu amigo, ¿por qué no se los devolviste?

—No sabía si iba a venir esta noche, y cuando me llamaste me pillaste por sorpresa.

—Lo siento, no era mi intención, pero cuando encontré el paquete me puse nervioso.

—No importa. Lo comprendo. Cometiste un error igual que yo. Debería haber sido sincero contigo.

—Vale, hijo. Buenas noches. —David le da un abrazo y nota que el pelo y la chaqueta de su hijo huelen a humo. Se aparta de Adam con una ligera sospecha.

—Si no le devolviste los cigarrillos a tu amigo, ¿por qué hueles a humo?

—Compró otro paquete.

—Si tus amigos fuman, no puedo evitar sospechar que tú también lo haces. Te prometo que no me enfadaré si me dices que fumas de vez en cuando, pero necesito saber la verdad. Ya sabes lo que pienso de las mentiras. Si llego a descubrir que has estado fumando, me enfadaré de verdad porque no fuiste sincero conmigo.

—Vale. Es verdad. En realidad fumo muy poco. No soy un adicto.

Para un adolescente es más fácil reconocer algo si considera que no le van a echar un sermón o que sufrirá las consecuencias. En esta ocasión, David ha llevado la situación perfectamente. Ha convertido el hecho de fumar en algo secundario y se ha centrado en la sinceridad. No es que se tome el asunto a la ligera, pero al enfatizar lo malo de la mentira, le ha ofrecido una salida a Adam. Los adolescentes suelen reaccionar positivamente a este tipo de enfoque porque lo ven como una oportunidad de «ganar puntos» por ser sinceros. Saben que más adelante tendrán que enfrentarse a la cuestión de fumar, pero este enfoque les resulta menos intimidante. Los adolescentes tienden a estar a la defensiva y este sistema permite que sus padres metan un pie en la puerta y venzan sus reservas.

Aunque es un sistema ideal, muchos chicos no reconocerán que fuman. Tal vez nieguen ser adictos, crean que sólo son fumadores de fin de semana o temen las consecuencias, pese a que trates el tema de forma tangencial.

Si sospechas que tu hijo fuma pero no lo reconoce, dedica un mes a observar si se producen cambios. Un mes puede parecer mucho tiempo, pero es probable que tu hijo se sienta culpable y temeroso, y deje de fumar; una vez que haya pasado alrededor de un mes, quizá vuelva a hacerlo.

Si no hay indicios, y tu hijo aún no ha reconocido nada, quizá lo mejor sea dejar el tema para más adelante. Si insistes, tu hijo lo interpretará como una invasión de su intimidad y eso lo alejará todavía más. Cuando se sienten interrogados, los adolescentes se ponen aún más a la defensiva. Sólo puedes hacernos la misma pregunta cierto número de veces, después lo que interpretaremos es: «No me creo ni una palabra, así que seguiré preguntando hasta que lo confieses.»

Beber

Los adolescentes admiramos a los adultos, aunque nuestra manera de actuar no lo demuestre. Queremos hacer lo mismo que vosotros, y si tomarse una copa al final del día es vuestra manera de relajaros, pensamos que también nos relajará a nosotros.

Si bien es cierto que la ley os permite beber y a nosotros, no. Desde luego, existe una diferencia entre una persona de cincuenta años que bebe una copa de vodka y un adolescente que hace lo mismo, pero nosotros no lo vemos así.

Seamos sinceros: hay muchas cosas que no vemos de manera realista. La lógica de nuestros procesos mentales es escasa. Es muy sencillo: vemos que bebéis y en ocasiones perdéis el control, así que pensamos que hacerlo no tiene nada de malo.

Si quieres que tu hijo aprenda a beber de manera responsable, evita decir cosas como «¡Qué bien me sentaría una copa!», o beber hasta perder el control. De lo contrario, de adultos creerán que beber grandes cantidades de alcohol es perfectamente aceptable.

Todos los adolescentes tienen prisa por crecer; si bebes en exceso y ellos quieren simular que son adultos, consumirán mucho alcohol. No rememores esa ocasión tan graciosa cuando te emborrachaste. Aunque sólo lo menciones en la mesa y como de pasada, tus hijos lo recordarán y creerán que beber en exceso es divertido en vez de irresponsable.

Más allá de dar un buen ejemplo, lo único que puedes hacer antes de que empiecen a beber (porque en algún momento empezarán), es lograr que tu hijo asocie el alcohol con las malas experiencias y los marginados. Cuéntale que tienes un amigo al que expulsaron del baile de fin de curso por beber. Y háblale de los efectos del alcohol, pero de un modo informal. Aunque no lo percibas, tu hijo asimilará los detalles de lo que le cuentas y es de esperar que lo recuerde, más adelante, cuando tenga la oportunidad de beber.

He aquí tres guiones que incluyen una lección vital:

«¡SÓLO LOS BORRACHOS SE COMPORTAN ASÍ!»

Andrew y Steve, su padre, están viendo el partido entre los Yankees y los Red Sox por televisión. De repente empieza una pelea en el estadio y las cámaras enfocan a dos hombres con el rostro pintado dándose puñetazos en el estómago mientras los guardias de seguridad intentan separarlos. Un presentador dice que los acompañarán fuera del estadio en cuanto sea posible.

—¡Serán gilipollas! —dice Steve, irritado—. Están estropeando el partido.

—Sí, parecen imbéciles.

—Sólo un borracho se pintaría la cara y se comportaría como un tonto. Si dejaran de beber, no se perderían el mejor partido de la temporada.

—Sí, que se fastidien.

Sólo se necesitan un par de frases. A condición de que el mensaje sea «Se comportan así por culpa del alcohol», lo habrás logrado. Si desde el principio los adolescentes aprenden que el alcohol te hace perder el control y tomar decisiones erróneas, es más probable que se conviertan en bebedores responsables. Las anécdotas son especialmente eficaces; los chicos tienden a recordarlas y a menudo se las repiten a los amigos. Quizá no logres convencer a tu hijo de que beber cuando eres menor de edad está «mal», pero si logras que piense «No quiero que me expulsen del partido de baloncesto» o «No quiero que me expulsen del baile de fin de curso», quizá sea una motivación suficiente.

«¿NO TE PARECE REPUGNANTE?»

Amanda está sentada ante la mesa con sus padres, Tim y Monica. Están hablando de los vecinos, los Rydell, y de lo groseros que son sus hijos.

—Sus hijos no son respetuosos cuando están en casa —dice Tim.

—Nunca son respetuosos.

—¿Por qué no te caen bien, Amanda?

—No lo sé. Son desagradables.

—Parece que todo el mundo ha notado que son unos maleducados. Cathy, su hija menor, incluso ha llegado a casa borracha muchas veces —añade Tim, asqueado.

—Es lógico. Chicos malos con malas costumbres —añade Monica.

—Sí, pero los chicos de los Green son simpáticos. ¿Qué te parece si los invitamos a la Super Bowl, Amanda?

—Sí, sería muy divertido.

Eso supone el mensaje de que beber está mal visto, pero a diferencia del primer guión también se refiere directamente al consumo de alcohol entre los adolescentes, y el adolescente quizá no se identifique con los dos borrachos de la tele. La única manera de lograr que esta conversación tenga efecto y no suene a sermón ni parezca dirigida a tu hija, es que sea informal. Así lograrás transmitir el mensaje aprovechando que a tu hija le desagradan los vecinos.

Cuando intentes encontrar una anécdota para plantearle la cuestión, procura que sea una con la que ella pueda identificarse, o una que realmente la impresione, por ejemplo un accidente por conducir borracho ocurrido hace poco en el vecindario. Pero por favor, recuerda que no es necesario incluir una moraleja al final de la conversación, como «Así que asegúrate de tener cuidado al cruzar la calle». Tu hija no es tonta, y sacará sus propias conclusiones sin que tú lo verbalices.

Si lo verbalizas, parecerá que has contado el incidente con el propósito de demostrar algo y asustarla. Y así es, pero cuanto más obvio sea, menos eficacia tendrá. Después de esta conversación, intenta cambiar de tema, como Tim cuando mencionó la Super Bowl.

«¿RECUERDAS CUANDO…?»

Martin y Mindy están rememorando su época de universitarios y cuánto se divirtieron. Sus hijas adolescentes, Glinda y Patty, están presentes. El vino desempeña un papel importante en la familia porque Martin se considera todo un entendido, pero Mindy evita beber más de una copa con la cena.

—Sí, lo pasamos bien, pero no al principio, porque no conocíamos nuestros límites —suspira Mindy.

—¿Qué quieres decir, mamá?

—Cuando llegamos a la universidad, nos comportamos de manera realmente irresponsable y estúpida. Nunca habíamos bebido alcohol, así que nos pareció excitante. Al principio me creí invencible, pero aprendí que no lo era a base de cometer errores. Las primeras veces que fui a una fiesta bebí sin parar. No me controlé, y eso fue un gran error. Casi acabo en el hospital. Fui una tonta y no me cuidé. Bebí demasiado y después me pasé horas vomitando. Creí que podía comportarme como la gente que ves en la tele o en las películas y beber sin parar pero sin perder el control, y por supuesto no fue así. Descubrí que dos copas era mi límite, después empezaba a emborracharme.

—Seguro que fue horroroso.

—Sí, lo fue, y también para todos mis amigos. La gente

empezó a evitarme porque sabían que bebía demasiado y no querían hacerse responsables si ocurría algo malo. Por suerte aprendí la lección, como la aprendemos todos, y como veis, ahora no me paso con la bebida.

Éste es un enfoque sumamente eficaz, porque tu hija se identificará contigo, pero además supone un desafío considerable. No puedes inventar una historia para que aprenda la lección, porque acabará por descubrir que no es auténtica: los adolescentes lo descubren casi todo. También has de tener cuidado con la historia que eliges porque no debe hacerte quedar demasiado mal. La primera vez que tu hija se emborrache, puede que te diga: «Pues tú bebiste y te comportaste de manera estúpida, así que no me agobies.»

Por eso cuéntale una historia sobre un error único o que no se repitió, que ilustre cómo aprendiste la lección. Así, tu hija sabrá que aunque no la agobies por haberse equivocado una vez, la próxima no se librará de las consecuencias.

Es útil que tu hija se identifique contigo en relación a la bebida, para que sienta que estás de su parte la primera vez que se emborrache estúpidamente. Creerá que podrás ayudarla, ya que tú pasaste por lo mismo, y será mucho más probable que se sincere contigo. Y no cuentes una historia relacionada con la bebida tras beber tres copas de vino en la mesa. Sólo lograrás llamar la atención acerca de tus malos hábitos en vez de enseñarle a tu hija a beber de manera moderada.

¿Cómo elegir la historia adecuada? Tú —o una íntima amiga— debe ser la protagonista, pero los datos deben ser correctos. No cuentes algo demasiado tremebundo: «Una vez me emborraché y maté a la mascota de la familia», porque aunque haya ocurrido de verdad, no es una acción clasificable como un error causado por la bebida, y no querrás que tus hijos crean que lo es.

Además, debe ser una experiencia bastante común, una conducta que tu hija ya haya observado en una amiga, como conducir borracha o vomitar en el jardín. Tienen que identificarse con la historia para comprender el mensaje fundamental: hay que beber de manera responsable.

Dicho sea de paso: decimos «beber de manera responsable» y no «que no beba», porque no se ajustaría a la realidad. Dile que no beba, pero no creas que vaya a obedecerte. Si le enseñas a beber con moderación será una lección provechosa, porque en algún momento tu hija se tomará una copa. Será útil para que lo haga sin peligro, porque estará preparada. Decirle que no beba sólo la dejará indefensa cuando lo haga, porque lo hará, ya sea en la universidad o a los trece años, y debes estar preparada para poder ayudarla a llegar a la conclusión correcta sobre los efectos del alcohol.

«¡CÓMO TE ATREVES A LLEGAR A CASA EN ESTE ESTADO!»

Es sábado por la noche, y Sandra —de dieciséis años— regresa a casa alrededor de la una de la noche. Suele llamar a la puerta del dormitorio de sus padres para que sepan que ha vuelto, pero esta noche no lo hace. Ligeramente molesto, Danny, su padre, le concede algunos minutos para recordarlo. Pasan cinco minutos y Sandra no llama. Danny oye unos golpes; ignora si provocados por una hija torpe o un ladrón. Entonces decide comprobar qué ocurre.

Se sorprende al descubrir a su hija sentada delante del ordenador haciendo lo que suele hacer normalmente: nada. Irritado por haberse levantado de la cama y descubrir que no ocurre nada, le pregunta:

—¿Por qué no has llamado? —en tono enfadado.

—¿Qué quieres decir? Claro que he llamado —le contesta su hija.

—No, no has llamado —dice su padre, aunque duda puesto que es la una y media y estaba durmiendo.

—He llamado —insiste Sandra, arrastrando las palabras.

—¿Estás borracha?

—No —responde Sandra, pero baja la vista.

—Sí que lo estás. Dime qué has hecho esta noche.

—He ido al cine —contesta Sandra lenta y cuidadosamente.

—Entonces, ¿dónde has conseguido la bebida?

—No he bebido. ¿Me estás llamando mentirosa? ¿Por qué no confías en mí? ¡Sal de mi habitación!

—¡Cómo te atreves a mentirme! Te he hecho una pregunta. Contéstame con sinceridad. Yo también he tenido tu edad. No soy un imbécil. Farfullas como una borracha, así que dime la verdad, porque la descubriré y cuando lo haga, las consecuencias serán graves... ¡porque me habrás mentido, no porque hayas bebido! —grita Danny a voz en cuello y despierta a toda la casa.

—Me he tomado unas copas —musita Sandra.

—¡Cómo has podido volver a casa borracha y decepcionarnos! Beber es un hábito repugnante y reprobable. Espero que comprendas que las repercusiones serán serias. ¡Ahora vete a la cama! —grita Danny.

Si quieres que tu hija adolescente comprenda el problema de la bebida, no tengas esta conversación. Aunque Danny menciona algunas cosas importantes, como «no me mientas porque te meterás en aún más problemas» lo hace mal: grita y oculta el sentido de sus palabras con insultos y acusaciones como «borracha» y «¡Cómo te atreves a mentirme!».

Lo que Sandra interpreta es: «Me avergüenzo de ti; eres una irresponsable y aunque sé que estás borracha, no dejaré de hacerte un millón de preguntas.» Los adolescentes se centrarán en los insultos y las acusaciones e intentarán volver las tornas, en vez de reflexionar sobre lo que hicieron y que no deberían haber llegado borrachos. Sandra se limitará a pensar: «La próxima vez me quedaré a dormir en casa de una amiga y evitaré todo este follón.»

Y una vez que Sandra confiesa haber bebido, Danny no debería arremeter contra su hija. Claro que no debe alabarla por ser sincera, pero nunca lo volverá a ser si su padre le dice: «¡Cómo pudiste volver a casa borracha y decepcionarnos!», sobre todo cuando acaba de decirle que sea sincera. Sandra pensará: «Es la última vez que les digo la verdad. Si me voy a meter en líos, ¿por qué habría de decirles la verdad?»

Esta conversación debería terminar cuando Sandra admite que ha tomado algunas copas. Danny debería haberle dicho: «Vale, hablemos mañana cuando todos estemos más calmados y podamos tomar una decisión racional acerca de las consecuencias.» Insistimos en recomendarte que esperes y no tengas esta conversación en cuanto llegue, porque si está borracha es probable que no recuerde ni la mitad de lo que dices, y la posibilidad de que logres influir en sus decisiones futuras serán aún más remota.

Saca partido de este primer incidente, sobre todo si tu hija se encuentra mareada, porque podrás decirle: «A mí también me pasó una vez, yo también me emborraché y ahora debemos encontrar el modo de que seas más responsable.» Procura no estropearlo gritándole y haciendo que se sienta mal consigo misma, porque esta oportunidad es única.

UN ENFOQUE MEJOR: «NO SOY TONTO.
SÉ QUE BEBES.»

Después de que Sandra reconoce haber tomado algunas copas, su padre le dice que se vaya a la cama, que lo discutirán al día siguiente. Por la mañana, Danny habla con Sandra sobre el tema de beber de manera responsable.

—Hemos de hablar de lo que pasó anoche.

—Vale, habla.

—Oye: no soy tonto. Los dos sabemos que beberás aunque yo no lo apruebe. Sabes lo que pienso al respecto, pero yo también he tenido dieciséis años y sé que en el fondo te da igual lo que diga. Estarás en contacto con el alcohol y beberás, diga lo que diga yo.

—Bueno, ¿y qué?

—Supongo que conoces todos mis consejos con respecto a la bebida, pero de todas formas te los repetiré. Me siento mejor si te lo digo, porque yo ya he pasado por el proceso de descubrir cuál es mi límite. Si lo sobrepaso, me emborracho, y quiero compartir contigo lo que sé, porque me consta que no quieres perder el control sobre ti misma.

—De acuerdo, papá. Adelante.

ALGUNOS CONSEJOS BÁSICOS ACERCA
DE LA BEBIDA

Sabes que beberán, así que enséñales a hacerlo de manera responsable.

1. No bebas con el estómago vacío, porque vomitarás.
2. Descubre cuál es tu límite. No sigas bebiendo aunque creas que no te hace efecto; puede tardar un rato, así

que bebe con lentitud: te permitirá saber cuándo el alcohol empieza a afectar tu juicio.

3. Si conduces, no bebas, y no montes en el coche de una persona que haya bebido, aunque sea poco. Quizás aún no se ha dado cuenta, pero el alcohol ya lo ha afectado.

4. Nunca dejes una copa en la barra ni la pierdas de vista en una fiesta: alguien podría añadirle una droga para atontarte y violarte, o cualquier otro tipo de droga.

5. Por las mismas razones, no aceptes una copa de un desconocido o de alguien en quien no confías.

6. No bebas de una ponchera, por los mismos motivos.

Ilustra estos consejos con anécdotas —no es necesario que te hayan ocurrido a ti, sólo que sean verdad— para que los adolescentes comprendan más claramente por qué crees que es importante que sepan todas estas cosas antes de empezar a beber.

Cómo establecer comunicación con tu hijo adolescente

Si quieres que tus palabras sean realmente eficaces al hablar con tu hijo, lo más importante es que, antes de soltarle una perorata, le digas que sabes que él ya conoce las precauciones que debe tomar con respecto a la bebida, pero que eres su padre y repetírselas es tu deber.

¿Por qué es un modo ideal de iniciar una conversación? Porque los adolescentes creen saberlo todo y que tú no sabes nada. Si empiezas diciendo que a lo mejor ya sabe todo lo que vas a decirle, será más probable que te escuche. De lo contrario, puede que cuando plantees el primer punto te suelte que ya lo sabe y no siga escuchando.

UNA PALABRA ACERCA DE LAS DROGAS

Por mucho que los protejas, tus hijos se verán expuestos a las drogas. La mejor manera de prepararlos es hablarles de ello, como les hablaste del alcohol, pero no lo hagas en tono autoritario. No obtendrás ningún resultado abrumándolos con cientos de estadísticas acerca del por qué las drogas son malas.

Si crees que tu hijo consume drogas, hay programas y orientadores a los que debes recurrir. No es un asunto negociable; si ves que no reacciona, recurre a estos programas aún más rápidamente que si se tratara de beber o fumar, porque los adolescentes no están capacitados para enfrentarse a la adicción por sí solos.

Un apunte final acerca de la bebida

Quizá tu hijo beba habitualmente y ya le hayas hablado muchas veces acerca de la cuestión y sin embargo vuelve a casa borracho. Entonces tendrás que tomar otras medidas, como llevarlo a un programa de desintoxicación para adolescentes, al asesor del instituto o a un psicólogo. Hay muchos recursos disponibles y si crees que tu hijo tiene un problema grave con la bebida, debes buscar la ayuda de un profesional.

4

«¡OJALÁ FUERA HIJO/A ÚNICO/A!»:

Hermanos, hermanas y amigos

A lo mejor decidiste tener otro hijo para que el primero tuviera un amigo. Imaginaste a los hermanos y hermanas jugando juntos y ayudándose a hacer los deberes, o a un hermano mayor cuidando de una hermanita o hermanito que lo admiraría como a un héroe.

Pero lo que conseguiste fue proporcionarle un incordio. Hay dos cosas que debes saber: una es que los adolescentes siempre quieren elegir sus propios amigos, y la segunda, que los hermanos se pelean. A partir de los doce años, es cada vez más improbable que te gusten los amigos de tu hijo. Y si tienes más de dos hijos rivalizarán entre ellos: se pelearán por el mando de la tele y discutirán a grito pelado por asuntos relacionados con su vida personal.

Ahora que has creado esta situación, tendrás que resolverla. Ya es bastante difícil saber cuándo entrometerse en los asuntos de tus hijos y aún más cuando son entre hermanos. Nada de lo que te digamos impedirá que los hermanos y las hermanas se peleen, pero te diremos qué ocurre en realidad cuando tus hijos se pelean con sus hermanos, y así te será más fácil saber cuándo has de intervenir y cuándo no.

Hermanos

Diferentes pero iguales

«¡LA QUIERES MÁS A ELLA!»

Ellie, de catorce años, y su hermana Beth de diecisiete, acaban de cenar con sus padres, Nancy y Stanley. Toda la familia colabora en las tareas: Stanley quita la mesa y la limpia, Nancy lava los platos, Ellie y Beth guardan las sobras en la nevera, secan los platos y los guardan. La regla es que nadie come postre hasta que todo esté ordenado.

Después de guardar los restos de la ensalada, la leche y el zumo, Beth —sin que los padres lo noten— coge un helado, se dirige a la sala y empieza a comerlo. Al ver que sus padres no riñen a Beth, Ellie hace lo mismo.

—¡Un momento! Aún no has guardado el pollo y las patatas, señorita. Deja ese helado.

—¿Estás de broma? ¿No ves que Beth está comiendo un helado en tus narices? No ha guardado nada...

—Hazlo y punto, Ellie. No es para tanto. ¿Qué importa quién hizo qué?

—No es justo, papá. ¿Por qué tengo que hacer lo que le corresponde a Beth?

—Sólo te llevará un par de minutos, Ellie. Deja de quejarte.

—¡Eres muy injusto! —dice Ellie, dejando el helado en la mesa—. ¡No lo soporto! Es ridículo, absolutamente ridículo —masculla y guarda el pollo y las patatas en la nevera.

Vale, quizás esta conversación te parezca muy extraña porque no ves el problema. Sí, Ellie se disgusta, lo que no es bueno, pero no hay ningún motivo: ¿acaso no se trata de la conducta irracional y habitual de cualquier adolescente? Bueno, a lo mejor, pero hay algo más. Aunque la conversación parezca bastante normal, el hecho es que Ellie siente que no recibe el mismo trato que su hermana; siente que Beth puede hacer lo que le venga en gana, mientras que ella ni siquiera puede dejar un plato sin secar.

Cuando Stanley dice «Hazlo y punto, Ellie. No es para tanto», Ellie oye: «No seas niña. Tus sentimientos no me importan y tampoco que sea injusto contigo.» Quizá parezca absurdo que Ellie lo interprete así, pero no puede evitarlo. La rivalidad entre hermanos es un tema muy delicado. Los adolescentes con hermanos suelen percibir el favoritismo y es una cuestión que debes tratar con tacto.

Por desgracia, las cosas más nimias pueden despertar la rivalidad, así que evitarla es bastante difícil. Pero puedes tomar ciertas medidas y, en un caso como el de Ellie, lo primero es mantener una segunda conversación y descubrir si tu hija menor realmente cree que favoreces a la otra. Esta conversación es importante, así que no cometas los siguientes errores.

SEGUNDA CONVERSACIÓN: LO QUE NO DEBES DECIR

—Ellie, ¿de qué iba ese follón durante la cena? —pregunta Stanley.

—¿Y tú qué crees, papá?

—No lo sé, de verdad. No sé qué hemos hecho mal.

—Pues yo no puedo hacer de padre y señalártelo todo el tiempo. Si no te das cuenta de que favoreces a Beth, tienes un problema serio.

—Eso es ridículo. Sabes que no favorezco a Beth o a ti. ¿Cómo puedes pensarlo? Sólo inventas motivos para que me enfade con tu hermana.

—Claro, genial. Amordázame. Eres un mentiroso total. Tomas partido por Beth y la conviertes en la víctima inocente.

—Te has pasado, Ellie. ¿Cómo te atreves a acusarme de ser un mentiroso? Cuando logres controlarte y hables más civilizadamente del asunto, tal vez logremos resolver este malentendido.

Sí, los adolescentes pueden ponerse dramáticos, pero Ellie no puede evitarlo, y Stanley empeora la situación describiendo la escena en la cocina como «un follón». Ellie cree que Stanley la acusa de montar una escena y reaccionar de manera desproporcionada. Y eso no sólo hace que se sienta estúpida, sino que automáticamente sea más difícil mantener una segunda conversación productiva. Stanley acierta al esperar que Ellie se tranquilice después de la escena en la cocina, pero ahora Ellie se encerrará en sí misma y ya no será capaz de mantener una conversación sincera y racional sobre su hermana y lo que siente respecto del favoritismo.

Después de decir: «No lo sé, de verdad. No sé qué hemos hecho mal», Stanley debería añadir: «Por favor, dímelo, así comprenderé qué sientes.» Si no lo hace, Ellie pensará que su padre no tiene ni idea, y que ni siquiera le importa lo suficiente para preguntarle por qué está tan disgustada. En vez de eso, se dedica a decirle que no ha hecho nada malo.

Y el error más grave es decirle: «Sólo inventas motivos para que me enfade con tu hermana.» ¡Uf! Ésa es una afirmación contundente y muy negativa. Ahora ya no hay marcha atrás. Seguro que Ellie no le dirigirá la palabra a su padre, al menos durante un par de días. Lo peor que Stanley podía hacer fue defender a Beth, porque lo que Ellie oyó es: «Mi prioridad son los sentimientos de Beth, y lo único que me importa es que no se ofenda. Tú no me preocupas en absoluto.»

Para rematar esta conversación desastrosa, Stanley ofende a Ellie diciéndole que no sea niña. El daño ya estaba hecho, pero con esa ofensa, Stanley sólo logrará que la autoestima de Ellie caiga bajo mínimos. Es cierto que Ellie no debería haberle dicho que era un mentiroso, pero actuaba a la defensiva porque sus comentarios previos la hirieron.

Ahora que Ellie le ha dicho a Stanley que considera que Beth no cumple con sus tareas, las cosas se pueden poner todavía peor. Si Stanley se dirige a la habitación de Beth y dice: «Ellie tiene razón: no has hecho tu parte de las tareas» o «Ahora me doy cuenta de que últimamente no cumples con tus tareas del hogar», puede que Beth diga: «Lo siento, papá, tienes razón», pero en cuanto haya dejado de hablar con su padre, irá a la habitación de su hermana y dirá: «Gracias, mocosa. Ahora por tu culpa papá me acusa de no colaborar en casa.»

Evita dejar a tu hija en una posición aún más vulnerable. Para Ellie ya ha sido bastante difícil reconocer sus sentimientos acerca de tu relación con ella y con su hermana; no querrás que encima Beth le eche la culpa por lo que has hecho. Los adolescentes rara vez asumen la responsabilidad de sus actos; si tu hija tiene la oportunidad de culpar a su hermana por sus problemas, la aprovechará. El siguiente enfoque es la mejor manera de evitarlo.

SEGUNDA CONVERSACIÓN: CÓMO ARREGLARLO

—Ellie, ¿qué ha pasado esta noche durante la cena? —pregunta Stanley.

—¿Tú qué crees, papá?

—No lo sé. Parecías muy disgustada y quiero saber cómo puedo ayudarte.

—Puedes dejar de favorecer a Beth.

—Sabes que no favorezco a ninguna de las dos; os quiero a las dos por igual.

—Sí, hombre, y yo que me lo creo.

—No seas injusta.

—¿Que no sea injusta? Lo que es injusto es que Beth pueda salirse con la suya y tú sigas considerando que es un ángel, mientras que yo tengo que hacer mis tareas y las suyas antes de comerme un helado.

—Lo siento, Ellie. En ese momento no me di cuenta de lo que hacía Beth, y tú tampoco debiste comerte el postre. Pero reconozco que ella también se merecía una reprimenda.

—Pues sí, menos mal que te das cuenta.

—Vale, de acuerdo. Procuraré prestar más atención a partir de ahora. ¿Se te ocurre alguna otra circunstancia en la que he sido injusto? Porque no es mi intención y me gustaría arreglar las cosas.

—No.

Stanley hace bien en reconocer su error. Y también acierta al decir: «Sabes que no os favorezco a ninguna de las dos; os quiero a las dos por igual.» Aunque la respuesta de Ellie ha sido muy grosera, le gusta oír esas palabras. Es realmente necesario que los padres les repitan a sus hijos que los quieren. Decirles que los quieren antes de colgar el teléfono, cuando se marchan o al darles las buenas noches. Y hacerlo de manera individual con cada uno de ellos, asegurándose de que ninguno recibe más atención que otro.

Acostúmbrate a hacerlo, porque significa mucho para tus hijos. Además, es bueno que hagas hincapié en que los quieres a todos por igual, pero asegúrate de no acusar a tu hija de creer que no la quieres. Sólo dirá: «¡Yo no he dicho que no me quieras!», y se sentirá avergonzada porque puedes «leerle el pensamiento». Dile: «Ya sé que lo sabes, pero te quiero a ti y a tus hermanos por igual, y os quiero más que a nada en el mundo.» Aunque tu hija sabe que no la quieres menos que a su hermana, no puede evitar sentirse inferior en algunos aspectos, así que evita menospreciar dichos sentimientos... o acusarla de tenerlos. Tu hija necesita que se lo demuestres sin que la individualices como la hija que cree que no la quieren.

Tal vez pienses que esto es ridículo porque les dices a tus hijos que los quieres todos los días, y lo saben, pero es importante que recuerdes hacerlo individualmente. Demuéstrale el mismo afecto a cada uno como individuo.

¿Por qué Ellie no se cree que las quieran a las dos por igual? Porque piensa lo siguiente: «Dices que nos quieres a las dos por igual, pero tu actitud demuestra lo contrario.» Escucha a tu hija cuando dice «A Beth nunca la tratas así» o «¿Por qué siempre me echas la culpa a mí?». Aunque no estés de acuerdo, eso es lo que siente; ése es el mensaje que recibe y debes abordar el problema.

Si reaccionas diciendo: «Oh, no seas tonta, sabes que os trato a las dos por igual», tu hija interpretará: «Eres muy inmadura y no sabes de qué estás hablando. Deja de lloriquear.» Tu hija siente que no respetas sus sentimientos, y se sentirá todavía más frustrada y disgustada. Tómate en serio lo que dice. Eso no significa convertirlo en un asunto trascendental, pero has de comprender que lo que siente es real para ella. Di: «Mi intención no es tratarte de manera diferente. Si lo he hecho, no ha sido adrede.» Quizá no lo acepte de inmediato, pero es el primer paso para arreglar el problema, porque de lo contrario, se distanciará aún más de ti.

Además, asegúrate de que tus hijos sepan que quieres pasar tiempo con ellos a solas; es importante para ellos, incluso si no aceptan la propuesta. Debido al ajetreo cotidiano realmente apreciarán una atención individual, aunque sólo ocurra de vez en cuando. Si no se sienten asfixiados, los adolescentes disfrutan cuando les dedicas un tiempo especial. Quizá no te relaten los detalles de su vida personal la primera vez que los invitas a cenar —tal vez nunca lo hagan— pero recuerda que les agrada tener una relación íntima contigo, aunque no te lo digan.

Los adolescentes necesitan sentirse queridos y cuanto más tiempo pases con tu hijo, tanto más le demostrarás que lo quieres tanto como a sus hermanos. Pero asegúrate de que no se sienta culpable; no te ofendas si sólo quiere estar con sus amigos. Si dices «Bueno, te invité a cenar, pero supongo que tus amigos son más importantes que yo», tu hijo se ofenderá, incluso si lo dijiste en broma. Somos susceptibles, y nos frustramos si nos dicen cosas así. Así que no te sorprendas si te contestamos agresivamente.

Ponerse a la altura de los hermanos

NO SE TRATA DE MÍ, SINO DE ELLA

Hallie, que tiene dieciséis años, habla con su madre del baile del instituto. Hallie cree que será realmente divertido y decide pedir permiso para llegar más tarde.

—Será muy divertido y todas mis amigas se quedarán hasta la una. ¿Me das permiso para quedarme?

—Otra vez, no, Hallie. Ya te dejamos salir hasta tarde hace poco. Además, tu hermana nunca pidió permiso para quedarse hasta más tarde, así que sería injusto.

—¡Sí, claro! Ella nunca pidió permiso. No tengo la culpa si no se atrevió. Además, ¿a quién le importa lo que hizo Emily cuando tenía mi edad? ¡Se trata de mí, no de ella! ¿Por qué nos comparas siempre? —chilla Hallie y se marcha de la habitación.

Tina, la madre de Hallie, cree que su reacción es completamente desproporcionada, y Hallie considera que Tina es insensible e injusta. No sólo está disgustada porque no le dan permiso para quedarse hasta más tarde, tampoco soporta que la comparen con su hermana mayor. A ti tal vez te parezca que al decir «Tu hermana nunca pidió permiso» te limitas a señalar un hecho, pero para una adolescente es como si dijeras «¿Por qué no eres como tu hermana? Ella es la hija perfecta». Nunca compares a tus hijos.

Aunque existen algunas excepciones. Por ejemplo, no tiene nada de malo si dices «Julia, no tienes permiso para hacerte un *piercing* en las orejas porque tienes trece años, y Stacey tuvo que esperar hasta los quince». Esta comparación es legítima porque se refiere a una regla establecida, basada en la edad. Daría lo mismo que Julia fuera mejor alumna, igual tendría que esperar, lo que significa que no las estás comparando, te limitas a reiterar las reglas establecidas.

Quizás estas reglas le disgusten, pero eso es algo que no puedes evitar. Lo que haces sigue siendo correcto. Lo que sí puedes evitar es que una de tus hijas se sienta inferior o que la obligas a cumplir con una pauta injusta. Lo lograrás si evitas referirte a sus hermanos en cualquier discusión que mantengas. Es malo que discutáis, pero esto es entre tú y ella. No es necesario que empeores la situación incluyendo a tu otra hija en la conversación.

Y recuerda que cada vez que estableces una comparación, es bastante probable que generes tensión entre las dos hermanas.

Bien, podrías decirte que tu hija siempre se compara con su hermana mayor, diciendo cosas como «¡Pero a Stacey le dabas permiso! ¿Por qué no puedo hacer lo mismo?». En primer lugar, tu hija tiene quince años y tú cuarenta y cinco, y aún no ha aprendido que es absurdo comparar a dos personas completamente diferentes. En segundo lugar, cuando tu hija te dice algo por el estilo, no te ofende (tal vez sea irritante, pero no es hiriente), pero cuando comparas a una hija con la otra, es posible que la ofendas sin querer.

Siempre discutirás con ella, pero hay maneras de evitar que una discusión intrascendente se convierta en algo personal e hiriente. Comparar a tu hija menor con la mayor es sólo un ejemplo. En cualquier caso, tu hija se enfadará si no consigue lo que quiere, como el permiso para llegar más tarde, pero evitarás empeorar la situación si no las comparas. No cambies de tema, no incluyas a tu otra hija en la conversación, ni a sus amigos; así evitarás que la pelea llegue a mayores.

SEGUNDA CONVERSACIÓN

Ahora que Tina ha comprendido que Hallie se ha sentido realmente herida por la comparación con su hermana mayor, decide ir a la habitación de Hallie para arreglar las cosas.

—No quería ofenderte al mencionar a Emiliy. No debí hacerlo. Sois dos personas diferentes.

—Vale.

—No es necesario que me hables. Sólo quiero que sepas que lo siento y que lo que dije fue injusto.

—Vale, y no te estoy hablando.

Lo dicho: te pelearás y tu hija se pondrá insoportable. Es probable que cuando cometas un error así, intente aprovecharlo al máximo, pero tendrás que aceptarlo. Tina ha reconducido esta situación correctamente. Comprendió que Hallie seguía enfadada y no quería hablarle, así que no insistió. Sabe que de vez en cuando lo mejor es dejar las cosas como están; que es bueno decirle a su hija cómo se siente. Hallie intenta provocar a su madre cuando dice «Vale, y no te estoy hablando», así que Tina acierta al reaccionar con madurez. Hallie lo sabe, y por eso decide no hablarle ni aceptar una disculpa, porque sigue queriendo aprovechar el error cometido por su madre. La mejor manera de manejar esta situación es la que aplicó Tina: dejar tranquila a su hija y no proporcionarle más munición.

Peleas entre hermanos

Aunque nunca cometas esa clase de error, y si eres tan buen padre que jamás provocas peleas entre tus hijos, a menos que tu hijo sea único, habrá conflictos. Los hermanos se pelean y en algún punto deberás intervenir, o no, según el caso.

VIVIR CON UN MATÓN

James y Lily tienen dos hijos varones. Harry, de trece años, está creciendo rápidamente y empieza a cambiar la voz. Ron, su hermano mayor, lo considera muy gracioso; tanto que empieza a llamarlo «nenaza». Harry se siente muy intimidado por Ron, porque es el mayor y el más popular, así que opta por aceptar el maltrato psicológico.

Un día James y Lily oyen que Ron está contando a sus amigos que piensa gastarle una broma a su hermano. Estupefacto ante la maldad de Ron, James interroga a Harry acerca de la conducta de su hermano. Como teme que Ron lo tome por un chivato, éste niega que lo maltrata.

En un caso como éste, un padre nunca debe interrogar al hijo intimidado, sino hablar con el que causa problemas. Así, si el «matón» te pregunta si has hablado con su hermano, no tendrás necesidad de mentir y el otro no tendrá que enfrentarse a las consecuencias de ser un chivato.

Da igual con cuál de los dos hables primero, pero siempre debes medir tus palabras, porque muchas cosas podrían interpretarse como: «Estás equivocada, tu hermana tiene razón, es mi hija predilecta. De hecho, es perfecta y tú, no.»

LA VIOLENCIA ES INACEPTABLE

Joey tiene dieciséis años, su hermano Charlie, doce. Ambos están jugando un videojuego y Charlie le dice «gilipollas» a Joey. Joey le da un puñetazo en el brazo y Charlie le pega una patada. Ambos empiezan a luchar e insultarse, rodando por el suelo delante del televisor.

Evan, el padre de los chicos, entra al estudio y los descubre peleándose, pero no amistosamente.

—¡Eh! ¡Joey! ¡Suéltalo! ¿Te has vuelto loco? ¿Quieres matarlo? Eres tres veces más grande que él. Joseph Smith, esto es absolutamente inaceptable —dice Evan, separándolos.

—¿Bromeas, papá? Y Charlie, ¿qué? Ha empezado él.

—Tiene doce años. No sabe hacer otra cosa.

—¿Doce? Cuando yo tenía doce años me habrías castigado por algo así.

—Tú eres el mayor, Joey. Debes dar ejemplo y asumir la responsabilidad por tus actos.

—Ya lo hago. Le pegué un puñetazo, lo reconozco, pero ¿acaso él no debería hacerse responsable por insultarme y provocarme? No es ningún angelito, papá. No tengo por qué aguantar esta mierda —grita y se marcha, perseguido por la sonrisa irónica de su hermano.

Evan ha hecho bien en separarlos, pero después se ha equivocado, porque sólo habla con Joey y por eso éste se enfada. Sabe que no debe reaccionar a los insultos con un puñetazo, pero considera que su padre es completamente injusto.

Da igual que su padre tenga razón o no la tenga. Al reprender a Joey delante de Charlie, aquél siente que lo trata injustamente. Cuando Evan dice: «Tiene doce años. No sabe hacer otra cosa», Joey interpreta: «Da igual lo que haga Charlie; tú tendrás la culpa.»

Y encima, la conducta de Evan también supone un mensaje para Charlie. Al no reprenderlo, es como si le estuvieran diciendo que siempre se va a salir con la suya, y Charlie acabará por abusar de ello, si es que aún no lo ha hecho. Lo más probable es que no hubiese provocado a su hermano si no creyera que podía salirse con la suya.

Esto no significa que tu hijo no vaya a escucharte, sólo que debes hablarle en un momento y un lugar más oportuno.

Básicamente, y para evitar complicaciones como avergonzar a uno o culpar a otro por su conducta, debes hablar con cada uno por separado. Será más fácil que te escuche si su hermano no se burla de él a tus espaldas. Además evitarás que ninguno de los dos te acuse de no reprender al otro.

EL MODO EQUIVOCADO DE ABORDAR A CHARLIE

Evan debió hablar primero con Charlie, porque el ofendido es Joey. Así, cuando Evan vuelva a hablar con Joey, podrá defenderse cuando Joey le dice: «No te he visto hablar con Charlie al respecto.» Ahora Evan podrá contestarle: «Pues para tu información, acabo de hacerlo.»

Evan entra en la habitación de Charlie unos veinte minutos después de la pelea.

—Bien, Charlie...

—¿Sí, papá?

—Acerca de esa pelea... Creo que hay algo que debes comprender.

—¿Qué?

—Aunque no te haya regañado antes, espero que sepas que no puedes hacer lo que te dé la gana. Tu madre y yo te hacemos responsable de tu conducta. Así que tenlo en cuenta.

—¡Lo sé, papá! ¿Quién ha dicho que podía hacer lo que me dé la gana? Tal vez el idiota de Joey.

—En primer lugar, no insultes a tu hermano. En segundo, te comportas como si las reglas no se aplicaran a ti, pese a que sabes perfectamente que las peleas están prohibidas. Entérate: no puedes hacer lo que te dé la gana.

Es importante que Evan le diga a Charlie que lo que ha hecho está mal, pero debe plantearlo de otro modo. No debe acusarlo de creer que puede hacer lo que se le antoje cuando hace unos minutos olvidó reprenderlo.

Cuando Evan dice: «Aunque no te haya regañado antes, espero que sepas que no puedes hacer lo que te dé la gana», Charlie interpreta: «Me he equivocado al no reprenderte, así que ahora lo compensaré con una buena bronca.» A esas alturas, Charlie hará caso omiso del resto y pensará: «Sólo lo hace para que Joey no vuelva a montarle un numerito. Bastará con que finja que le hago caso y ya está.»

EL MODO CORRECTO DE ABORDAR A CHARLIE

Evan entra en la habitación de Charlie unos veinte minutos después de la pelea.

—Bien, Charlie...

—¿Sí, papá?

—Acerca de esa pelea... Cometí un error.

—¿Ah, sí?

—Mi reacción inmediata fue reprender a tu hermano, pero ahora comprendo que los dos tenéis la culpa. Vuestras edades no importan, sois hermanos y debéis aprender a relacionaros de manera civilizada sin que tu madre o yo tengamos que chillaros. Intento decirte que tu hermano se comportó incorrectamente, pero tú también. Aunque empezara él (y no digo que sea así) tú también tienes la culpa, porque no hiciste nada para evitar la pelea.

—Vale.

—Esta vez no pasará a mayores, pero si vuelve a ocurrir, habrá consecuencias.

En este caso, Evan acabó la conversación justo a tiempo. ¿Por qué? Porque Charlie pensó que se había zafado y ahora está enfadado porque descubre que no es así. Si Evan siguiera hablando, lo que diga le entrará por un oído y le saldrá por el otro. Por eso la conversación debe ser breve y sencilla. La única manera de obtener un resultado es destacar que los consideras responsables a ambos y ser muy claro en cuanto a la prohibición de pelearse. Así, tu hijo al menos comprenderá que también lo consideras responsable a él y que no le echarás toda la culpa a su hermano mayor.

CONSEJO PARA LAS RENCILLAS ENTRE HERMANOS

Cuando mantengas estas charlas individuales, no preguntes qué ocurrió. Sólo obtendrás dos versiones diferentes. Quizá tu hijo no te mienta conscientemente, pero te lo contará desde su punto de vista. Para descubrir la versión más verídica de lo sucedido, ambos chicos deberán estar presentes. De lo contrario, uno o ambos acabarán por manipularte para que creas que él es la víctima.

EL MODO EQUIVOCADO DE ABORDAR A JOEY

Evan entra en la habitación de Joey unos veinte minutos después de la pelea.

—No debería haberte reprendido delante de Charlie y lo siento, pero tú tampoco debes pegarle.

—Di que lo sientes o no lo hagas, papá. Pero no me vengas con «Lo siento pero bla, bla, bla». Vete, por favor.

Lo mejor que puede hacer Evan es largarse, porque no lo seguirán escuchando. En cuanto Joey oyó «Lo siento, pero...», pensó: «Papá sólo dice que lo siente para que me calle y seguir dándome la lata acerca de lo mal que llevé la situación.»

Lo que Evan debe hacer es explicar los motivos por los que Joey nunca debería reaccionar así, y después decir: «Y siento mucho haberlo hecho delante de Charlie.» Si Evan dice algo por el estilo, Joey lo interpretará como: «A papá le importan mis sentimientos y en realidad me estaba escuchando.»

EL MODO CORRECTO DE ABORDAR A JOEY

Evan entra en la habitación de Joey unos veinte minutos después de la pelea.

—Bien, Joey...

—¿Sí, papá?

—He decidido perdonaros a los dos pese a vuestro comportamiento... por esta vez. Tienes razón, no debí reñirte delante de tu hermano. Lo siento. Debí hablarte en privado. Creo que deberías ser un buen ejemplo para tu hermano.

—Ésa no es mi responsabilidad, es la tuya. Así que no me vengas con ésas.

—No es lo que intento decir, no quería darte esa impresión. Me refiero a que tú nunca tuviste un hermano mayor a quien fastidiar, así que no sabes cómo es. Charlie no dejará de fastidiarte, porque puede. Aunque procuraré reñirle y evitar que lo haga, no puedo vigilarlo todo el tiempo. Así que procura no dar tanta importancia al pequeñajo. Sé que es difícil, créeme. Yo también tengo ganas de darle una torta de vez en cuando, pero debes resistirte, porque como padre, cuando veo que le das una torta, no pienso en quién empezó la pelea, sólo veo a un chico de dieciséis años pegándole a uno de doce.

—Vale, de acuerdo. Lo intentaré. Pero sinceramente, papá, si no afloja, un día de estos le daré una torta en serio.

—Y yo procuraré no reprenderte sólo a ti. Pegarse es inaceptable, así que los dos tendréis que encontrar otra solución.

CÓMO ABORDARLO CORRECTAMENTE DESDE EL PRINCIPIO

Evan entra en el estudio y descubre a Joey y Charlie peleándose, y no de manera amistosa o en broma.

—¿Os habéis vuelto locos?

—¡Ha empezado él! —chilla Charlie.

—Sí, claro, pedazo de cretino. Me has llamado gilipollas.

—Vale, vale, calmaos —dice Evan y los hace callar—. Los dos os equivocáis. Pensaba que ya erais mayores. Esto es completamente inaceptable y me avergüenzo de los dos.

Además de que podríais haceros daño, pensaba que tu madre y yo os habíamos enseñado a trataros con respeto.

—Lo siento, papá.

—Lo siento, papá.

—Ahora mismo decir «Lo siento» no es suficiente. Tranquilizaos. Hablaremos del castigo cuando mamá vuelva a casa.

HACER QUE TU HIJO SE SIENTA CULPABLE

«Agradece lo que tienes: en todo el mundo hay chicos muriendo de hambre.»

Si tu hija está disgustada quieres que se sienta mejor, evidentemente. He aquí un consejo: si quieres que vea el lado positivo de las cosas, no le digas que todo podría ser mucho peor. Creerá que sus sentimientos no cuentan o que no les das importancia. Es como si no pudiera disgustarse porque en algún lugar del mundo pasan cosas peores.

A lo mejor no es tu intención, pero comparar la situación de tu hija con otra mucho peor no sirve de nada. Es mejor mencionar algún aspecto positivo de su propia situación, porque cuando dices «Agradece lo que tienes: en todo el mundo hay chicos muriendo de hambre y a ti te va bastante bien», tu hija interpreta: «Deja de lloriquear. Lo que sientes ni siquiera se puede comparar con lo que tienen que soportar las personas con auténticos problemas.»

Normalmente, no te alentaríamos a que los hagas sentir culpables, pero en este caso —cuando forma parte de un principio que quieres enseñarles a tus hijos y no de una manipulación— decir: «Me avergüenzo de vosotros y creía que os había educado mejor» les llegará al corazón, porque es verdad. Les enseñaste que la violencia no resuelve las disputas, así que es razonable, y además es importante, que lo subrayes cuando se comportan de manera violenta o se amenazan. Al oír tus palabras pensarán: «Mierda. Tiene razón. Somos un desatre.»

«MAMÁ, ALEX ME HA QUITADO LA CAMISETA»

Zoe tiene dieciséis años. Alex, su hermana menor, tiene catorce. Las dos van al mismo instituto. En general se llevan bien, pero también tienen sus rencillas.

Es sábado por la noche y Alex se prepara para ir a una fiesta. Está en la sala y entra Zoe.

—¿Desde cuándo tienes esa camiseta, Alex? —pregunta Zoe en tono de sospecha.

—No sé. Hace mucho —contesta Alex, sin mirar a Zoe.

—Oh. Porque se parece a la camiseta negra sin mangas que me regalaron el año pasado por mi cumpleaños.

—Oh...

—Espera. Ven aquí, Alex.

—¿Por qué?

—¡Ésa es mi camiseta! No me lo puedo creer. ¿Cuánto hace que la tienes? Quítatela ahora mismo.

—¡No, no es la tuya!

—Alex, ¿me tomas por tonta? Es mi camiseta, así que quítatela ahora mismo. Me parece increíble que te hayas atrevido a esconderla.

—No he escondido nada. ¡Pero qué egoísta eres! Nunca me prestas nada. Además, hace un año que no te la pones. ¡Ni siquiera la echaste en falta!

—Ni siquiera me la has pedido prestada. Me la has quitado, y punto. Quítatela de una buena vez y ponte otra cosa, por favor.

—No me la quitaré.

—¡Mamá! —grita Zoe.

—¿Qué? —contesta Theresa, su madre.

—¡Alex no quiere devolverme mi camiseta!

Theresa baja a la sala para averiguar qué pasa.

—Devuélvele la camiseta, Alex.

—Pero mamá...

—Nada de «pero mamá». Esta conversación es ridícula y no tengo ganas de perder el tiempo. Os estáis comportando como niñas. Devuélvele la camiseta, Alex. De lo contrario no te dejará en paz. Ya sabes que Zoe es muy suya.

—Perdón —interrumpe Zoe—. Me ha quitado mi camiseta, ¿y ahora resulta que la culpa es mía por ser muy mía?

—Esto no concierne a mamá. No sé por qué le has pedido que bajara —le grita Alex su hermana.

—Porque hace falta un adulto para obligarte a hacer lo correcto.

—Vale, chicas, ya basta. A vuestras habitaciones, ambas. Esto es absurdo.

Esta pelea fue totalmente innecesaria y podría haberse evitado, pero no la primera petición de quitarse la camiseta y la cabezonería posterior. Tus hijas se pelearán, pero podrías haber evitado que acabara en una disputa a gritos.

Como Theresa interviene en la discusión, ésta toma otro cariz y se le va de las manos. Para evitarlo, en estos casos lo mejor es no intervenir en los asuntos de tus hijas. Cuando tus hijas se pelean por una prenda de vestir, o por el turno de pasar al baño o usar el ordenador, no lo resolverás interviniendo. Aunque logres que lleguen a un acuerdo, nadie estará contento.

Cuando intervienes, lo normal es que una se sienta favorecida, así que si la situación no es urgente ni supone un peligro, lo mejor es mantenerse al margen.

Por ejemplo, cuando Theresa dice: «Sabes que Zoe es muy suya», Zoe interpreta: «Aunque tu hermana te ha quitado la camiseta sin pedir permiso, tú tienes la culpa porque eres egoísta y una mala hermana.» Cuando dice: «Alex, devuélvele la camiseta», Alex interpreta: «No seas cría. Siempre lo complicas todo.» Tras la intervención de su madre, ninguna de las dos está conforme con el resultado.

Quizá te enfades, como Theresa, y las castigues o las mandes a su habitación porque te ponen de los nervios. Eso no es bueno. Todo ha empezado con una discusión sobre una camiseta sin mangas o cualquier otra nimiedad, y ahora las han castigado. No hacía falta que la situación llegara a ese extremo.

Mantente al margen y deja que la situación siga su curso porque de algún modo se arreglará. Aunque Alex y Zoe se comporten de manera infantil, ambas saben que es ridículo pelear por una camiseta; al final se cansarán y una de las dos cederá.

CONSEJOS PARA EL FUTURO

Dedícate a cada uno de tus hijos individualmente. Alaba a cada uno por sus características positivas. Demuéstrales que te importan. Si creen que favoreces a un hermano, diles algo como: «No es cierto, pero está claro que debo de haber cometido algún error, si no, no lo pensarías. Ayúdame. Dime qué hice mal para que pueda corregirlo y para que sepáis que os quiero a ambos por igual.»

UN MODO MEJOR DE LLEVAR LA SITUACIÓN

—¡Mamá! —exclama Zoe—. ¡Alex no quiere devolverme mi camiseta!

Theresa baja hasta la mitad de la escalera.

—Hijas mías, no pienso meterme en eso. Seguro que podéis poneros de acuerdo sobre una camiseta sin que yo intervenga, ¿o me equivoco?

Es así de sencillo. No te decimos que hagas caso omiso de tus hijas cada vez que reclaman tu intervención, pero en este caso, diles que es asunto suyo. Lo comprenderán. No se enfadarán si no intervienes, porque saben que no hay un buen motivo.

Amigos

El intento de elegir los amigos de tus hijos

Todos los padres tratan de proteger a sus hijos. Pero por más razonables que sean, si no están de acuerdo con ellos, los adolescentes creerán que los sobreprotegen. Uno de los casos en que suele ocurrir es con los amigos. Al igual que con el toque de queda y otros privilegios, lucharán por obtener más libertad, mientras los padres considerarán que sólo los están protegiendo.

Antes tenías una gran influencia en la elección de nuestros amigos; si te remontas al pasado, recordarás que eras tú quien los elegía y organizabas encuentros para que jugáramos, pero incluso más adelante, conocías a los padres de nuestros amigos y podías hablarles de lo que estaba ocurriendo. Pero para cuando nos convertimos en adolescentes, conocemos a otros adolescentes a quienes no conoces, y tampoco a sus padres. Tal vez no sean del vecindario ni vayan al mismo instituto, y quizá su aspecto y su modo de actuar no se corresponda con lo esperado.

Pero lamentamos informarte que, en este caso, tu opinión no cuenta. Cuando le dices a un chico «No quiero que te hagas amigo de ése» o «No quiero que sigas viéndote con él», es como decir: «No abras esa caja.» Tu hijo lo traduce como: «Rápido. Mira en esa caja antes de que vuelva mamá.» Algunos chicos supondrán que sus padres exageran para que no se relacionen con algún otro chico en particular porque quieren protegerlos, y a otros les gustará un chico por los mismos motivos por lo que tú no quieres que sean amigos.

La verdad es que ningún hijo prestará atención a lo que le dices de sus amigos; crees que deberían escucharte, pero si no están de humor, les entrará por un oído y les saldrá por el otro. Si realmente te empeñas en opinar sobre sus amigos, tendrás que abordarlo de manera muy sutil.

Otra cuestión es llegar a conocerlos. Tu hijo no te lo pondrá fácil, pero hay modos de conocer a sus amigos sin convertirte en una pesada. O no demasiado.

Además, debes aceptar que no puedes elegir los amigos de tus hijos. Aunque puedes ejercer cierta influencia, en algún punto tendrás que dejarlos elegir a ellos.

«¡TE PROHÍBO QUE VUELVAS A VERLOS!»

Will tiene quince años y estudia en el instituto. Últimamente ha mencionado algunos amigos nuevos, y a Spencer, su padre, le preocupa que ya no ande con los mismos chicos confiables que fueron sus amigos desde el parvulario. Cuando Will le dice a su padre que esa noche saldrá con Ted y Chris, sus nuevos amigos, Spencer aprovecha para decirle a Will que no le parecen los amigos más adecuados para él.

—Escucha, Will, quería hablarte de Ted y Chris.

—¿Qué quieres decir?

—Pues que no me causaron buena impresión.

—¡Pero qué dices! ¡Si sólo los has visto una vez! ¿Cómo pueden haberte caído mal?

—Lo sé, pero no se parecen a los chicos con los que ibas antes, como Samuel y Albert. Provenían de una casa decente y siempre eran respetuosos. Estos chicos nuevos ni siquiera me saludaron cuando entré en tu habitación. Ya lo sabes: dime con quién andas y te diré quién eres.

—¿De qué estás hablando?

—Sólo digo que a lo mejor no deberías verlos con tanta frecuencia. No quiero que te relaciones con el grupo equivocado. Estás empezando el instituto. Necesitas amigos con los que puedas contar. Esos dos gamberros dan la impresión de que sólo podrás contar con ellos para proporcionarte drogas o algo así, no para apoyarte.

—No me puedo creer ni una sola palabra de lo que estás diciendo. Es un asco. ¡Ni siquiera los conoces! ¿Crees que puedes juzgar a mis amigos por cómo llevan los pantalones? Son mis amigos y seguiré viéndolos, ¡así que corta el rollo!

—¡Yo decidiré si vas a seguir viéndolos o no! Otros padres me han hablado de ellos y dicen que no son de fiar.

—¿Has investigado a mis amigos? ¡Es increíble! ¡Tengo quince años! ¡Ni se te ocurra seguir tomando decisiones por mí! ¡No lo soporto! —chilla Will.

El intento de Spencer de influir en la elección de los amigos de su hijo ha salido mal porque no ha sabido abordar el tema. Spencer pensó que podría decirle a su hijo con quién relacionarse y a quién evitar, pero suponemos que ya te habrás dado cuenta de que tu hijo se niega a escuchar tu opinión.

Hay varias razones por las cuales Will anda con Chris y Ted, pero es probable que la principal sea que los considera enrollados, y se divierte con ellos. Teniendo en cuenta este aspecto, no tiene sentido que Spencer hable mal de ellos si lo que pretende es que su hijo deje de verlos.

Cuando Spencer dice: «Esos dos gamberros dan la impresión de que sólo podrás contar con ellos para proporcionarte drogas o algo así, no para apoyarte», Will se ofenderá mucho. Lo que interpreta es: «Ni siquiera eres capaz de elegir amigos adecuados, y más que hacer un intento de comprender por qué te gustan esos chicos, hablaré mal de ellos y si te ofendes, peor para ti.» Cuando Spencer le dice que ha hablado con otros padres, es como si machacara el mismo asunto. Will interpreta: «No confío en tus decisiones y mis espías te observan a ti y a tus amigos.»

Sólo hay dos posibilidades: o bien tu hijo cree que esos chicos son buenos chicos, así que ¿por qué no ser amigo de ellos? O sabe que no son los mejores chicos del barrio, pero si los criticas o le dices que anda con el grupo equivocado o —aún peor— le prohíbes verlos, sólo aumentarás sus ganas de frecuentarlos.

De todos modos, ponerse firme y decir: «Soy un adulto y sé que a la larga, estos chicos acabarán mal, así que no puedes andar con ellos» no funcionará. De hecho, el resultado será el opuesto al que deseas. Al tensar la relación con tu hijo, conseguirás alejarlo y será menos probable que escuche tus consejos.

Por desgracia, éste es uno de esos terrenos en los que los chicos tienen que aprender por su propia experiencia. Tu hijo debe comprender que esos chicos no le convienen (si es que es así: recuerda que puedes estar equivocado). El truco consiste en lograr que se dé cuenta sin alejarlo de ti, y sin esperar que la situación empeore hasta un punto tal que lo descubra porque lo detiene la policía, sufre un accidente, etcétera.

«TAL VEZ NO QUIERAS ESCUCHAR ESTO, PERO...»

A Spencer le disgusta que Will frecuente a Ted y Chris. Pero llega a la conclusión de que el único modo de que Will comprenda que esos chicos no le convienen es darse cuenta por sí mismo. En una época, Spencer tuvo un amigo, Barry, que no lo trataba bien, y los modales de Ted y su indiferencia frente a las reglas le recuerdan a ese amigo. Spencer decide hablarle a Will de Barry, e intentar establecer un paralelo entre Ted y su amigo.

Después de contarle la historia, acaba diciendo:

—¿Ahora comprendes por qué no me gusta que seas amigo de Ted? Sólo te traerá problemas. Tengo experiencia y sé de qué estoy hablando.

Te alentamos a que establezcas paralelos entre tu vida y la de tus hijos para reforzar una regla o establecer un punto. Aunque los tiempos han cambiado —y tu hijo será el primero en señalártelo—, el respeto y la elección de los amigos son cuestiones sin fecha de caducidad. Pero Spencer se equivoca al rematar la conversación diciendo: «¿Ahora comprendes por qué no me gusta que seas amigo de Ted?» Porque Will interpretará: «Te hablaré en tono condescendiente porque así sentiré que aún tengo poder sobre ti» en vez de «Intento evitar que te hagan daño».

Procura no hablar en tono condescendiente: «Ya te lo decía yo», sólo provocarás más peleas. Si Spencer prescindiera de las referencias a Ted y sólo hablara de su propia experiencia, Will sacaría provecho de la conversación.

Aunque tu hijo reaccione al relato de tus propias experiencias encogiéndose de hombros, no insistas con el paralelismo: lo habrá comprendido. Con su indiferencia sólo intenta demostrar que no cede. Ningún adolescente quiere reconocer que su padre podría tener razón.

Tal vez tu hijo nunca se separe del todo de «Ted», pero recordará tu historia cuando su amigo se comporte como tú predijiste y posiblemente acabe por evitar que se meta en problemas.

Si no has pasado por una experiencia similar a la de tu hijo, no la inventes. Si le mientes, lo descubrirá y no debes sorprenderte si empieza a mentirte.

Ésta es otra opción.

«¿POR QUÉ ANDAS CON ESE TONTO?»

Ted y Chris le caen mal a Spencer, y decide que es hora de hablar con Will.

—¿Tienes un momento, Will?

—Sí, claro. ¿Qué pasa? —dice Will, apartando la vista del ordenador.

—Quiero hablarte de Ted y los otros chicos.

—¿A qué te refieres?

—Últimamente has pasado bastante tiempo con ellos, y quería saber cómo son.

—No sé. ¿Qué quieres que te diga?

—Sé que te sonará extraño, pero antes conocía a todos tus amigos, como Samuel y los demás. Ahora que te haces mayor y no los conozco a todos, me gustaría saber algo más de ellos. Te gusta andar con ellos, así que debe de haber algún motivo.

—No sé... Ted es divertido.

—¿Qué hace en el instituto?

—No hablo con Ted de esas cosas.

—Vale. ¿Cómo son sus padres?

—¿Qué es esto? ¿Un interrogatorio?

—Lo siento. Comprendo que te sientas interrogado, pero sólo quiero saber algo más acerca de esos chicos si vas a salir con ellos hasta tarde. Comprendo que no puedo controlarte cuando estás con tus amigos, así que sólo quiero asegurarme de que son buenos chicos. Confío en tu instinto, pero soy tu padre, y te menciono este asunto porque me importas.

—De acuerdo, papá, no te pongas sentimental. Son buenos chicos. Me gusta estar con ellos, así que no te preocupes, ¿vale? Si pasara algo raro sabré cuidarme.

—Lo sé.

Si bien podría parecer que Spencer se está entrometiendo al preguntarle a su hijo por Ted, no es el caso. Lo respeta, no le dice «¿Por qué andas con esos gamberros?» y lo incentiva a hablarle de su amigo. Los argumentos de Spencer no incomodan a Will, y lo predisponen a compartir información porque no se siente interrogado («Ahora que te haces mayor y no los conozco a todos, me gustaría saber algo más de ellos»); comprende que Spencer sólo está cumpliendo con su deber de padre. Si los argumentos de Spencer fueran insustanciales, Will pensaría: «Quiere controlar mi vida. ¿Por qué no se meterá en sus propios asuntos?»

Cuando Spencer dice: «Te gusta andar con ellos, así que debe de haber algún motivo», Will comprende por qué su padre siente curiosidad. Spencer no le da motivo para pensar: «Mi padre aborrece a mis amigos y no les da ninguna oportunidad.»

Si ésta es la situación, debes comprender que sus antiguos amigos ya no son sus amigos ideales y ni siquiera posibles. Los viejos amigos no siempre son buenos amigos. Recuerda que los chicos cambian. A lo mejor los amigos de tu hijo han cambiado o lo tratan de un modo diferente.

También es posible que tu hijo sepa que esos chicos no son un modelo de conducta, pero son los que lo aceptan y le ofrecen un sitio en la mesa a la hora de comer en el instituto. Quizá sus antiguos amigos se integraron en otro grupo social en el que tu hijo no encaja, o no quiere encajar. Tal vez sus nuevos amigos —que ahora no te parecen una buena elección— son los únicos que lo aceptan, o son los que hacen que se sienta aceptado. Así que antes de tratar que cambie de amigos, ten en cuenta que esos que no te parecen ideales quizá sean su única opción.

Al hacerle preguntas sobre Ted y por qué le gusta, Spencer obliga a Will a evaluarlo. Al final de la conversación, puede que Will, con la ayuda indirecta de Spencer, descubra que Ted no es un amigo tan genial. Eso no significa que dejará de verlo inmediatamente, porque en el instituto eso no es tan fácil, pero quizá lo vea desde otra perspectiva. Eso no significa que si tu hijo está cambiando (para peor), sus nuevos amigos no hayan contribuido a ello, sólo que tu hijo puede seguir siendo el mismo aunque no ande con la flor y nata del instituto, porque a lo mejor sabe que no son los mejores.

«LO QUE SE TIENE NO SE APRECIA»

Buffy tiene una hija de catorce años llamada Lana. Skylar, la mejor amiga de Buffy, también tiene una hija de catorce años llamada Emika, que va al mismo instituto que Lana. Aunque sus madres son amigas, Emika y Lana no lo son. Buffy considera que Lana podría aprender mucho de Emika, a la que —entre otras cosas— le encanta leer poesía. Buffy decide invitarlas a cenar.

—He invitado a cenar a Emika y Skylar la semana que viene.

—¿Por qué?

—¿Cómo que por qué? Porque me parece buena idea que tú y Emika os conozcáis mejor. Skylar es una gran persona y estoy segura que su hija te encantará, porque es una versión menor de Skylar.

—En primer lugar, eso no es verdad. No sé de dónde sacas esa idea. Voy al instituto con Emika y la conozco bastante bien —chilla Lana—. Y segundo, no quiero cenar con ellas; tengo mis motivos para no ser su amiga. Así que espero que disfrutes de la cena. Yo no pienso quedarme.

—Ni siquiera le das una oportunidad.

—¿No se te ha ocurrido que si quisiéramos ser amigas, ya lo seríamos? ¿No lo comprendes? No tiene sentido que cenemos juntas, porque no tenemos nada que decirnos. ¡No puedes elegir mis amigas!

—Ya las he invitado, así que no te queda más remedio que asistir. Quedaría fatal si suspendo la cena. ¿Y sabes qué? Me ofende que ni siquiera intentes hacerte amiga de Emika, porque soy muy amiga de Skylar.

—Pues a mí me ofende que hagas planes sin preguntarme. No te has molestado en consultarme, te has metido en este lío tú sola y ahora tendrás que arreglártelas para solucionarlo. No es culpa mía y no tengo por qué hacer algo que no me apetece hacer.

—Lo recordaré la próxima vez que me pidas un favor.

En esta conversación muchas cosas han salido mal, pero el problema principal es que Lana cree que su madre se entromete en su vida. Buffy no debería hacer planes sin consultárselo. Y todavía más importante, no debería tratar de elegir las amigas de Lana. Tratar de elegir a los amigos de tu hija es tan malo como intentar que deje de ser amiga de alguien.

Cuando Buffy dice: «Ni siquiera le das una oportunidad», aunque no lo diga, Lana piensa «¡Te crees que lo sabes todo!». Lana está enfadada porque su madre no le preguntó si quería ir, y ahora la acusa de no darle una oportunidad a la otra chica, cuando en realidad considera que su madre no le dio la oportunidad de explicarle por qué la cena no era una buena idea.

Además, Buffy no debería haber supuesto que Emika se parece a Skylar y después dar un paso más y suponer que eso significa que a Lana le gustará Emika. Lana interpreta: «No sé qué valoras en una amistad y no me importa, ni siquiera me interesa la clase de persona con la que te gusta relacionarte.»

Lo peor de todo es que Buffy diga: «Lo recordaré la próxima vez que me pidas un favor.» Echar mano de la culpa siempre es una mala idea y acabará por volverse en contra de ti. De hecho, Lana pensará que Buffy se comporta como si tuviera diez años y no la escuchará.

Conocer a los amigos de tus hijos

Si te sientes tan inquieto con respecto a los amigos de tu hija o tu hijo como para tratar de que ande con otros, quizá sea porque no los conoces. Eso puede ser muy preocupante. Procura conocerlos. Aunque tu hija te lo ponga difícil, es realmente importante. Al final, es probable que se alegre de que los conozcas porque sabrá que confías en ella. Incluso podrías aprender unas cuantas cosas sobre tu hija que ignorabas.

Te mueres por saber detalles de su vida y por conocer a sus amigas. ¿Cómo hacerlo sin convertirte en una madre pesada, insoportable y autoritaria? Bueno, podrías invitar a tu hija y algunas amigas a cenar, o llevar a tu hijo y sus amigos a un partido de baloncesto. Tal vez acepte, porque le gusta comer bien y sabe que no puede pagarse una cena igual de buena con su paga, o una entrada al partido.

Sólo has de decir: «Me comportaré delante de tus amigos y la cena es gratis. Venga, ¿qué puedes perder?» Será una excelente oportunidad para que tu hijo abandone su reserva, porque sus amigos empezarán a hablar y él se aflojará. (Créenos: esto funcionará mejor que preguntar «¿Qué has hecho hoy en clase» todos los días y que cada vez te respondan «Nada», aunque nunca sea verdad.) Acabarás por mantener una conversación inesperada.

No invites a más de dos o tres amigos; de lo contrario te arriesgas a convertirla en una noche adolescente. No te incluirán en la conversación y tu único cometido será pagar la cuenta.

Cuando sales con tus amigos: modales para adolescentes

Todos los padres quieren que sus hijos adolescentes se comporten correctamente y sean agradables, sobre todo en presencia de otros. Pero eso no ocurrirá. Puede que tenga una mancha en la camisa incluso antes de ir a cenar y que se escarbe los dientes en la mesa en cuanto os sentéis. Quizá no siempre sea amable con las personas que vienen a verte o con los amigos que le presentas. Puedes enseñarle buenos modales, pero no hay garantías de que se comporte como un auténtico caballero. Incluso puede portarse mal adrede y mondarse los dientes en el teatro, sólo para fastidiarte.

«PONTE RECTA: PARECES EL JOROBADO DE NOTRE DAME»

Es viernes por la noche y los Stewart salen a cenar con unos amigos. Kelly, su hija de catorce años, está inclinada encima del plato, jugueteando con el puré de patatas. Cuando le dirigen una pregunta, contesta con monosílabos y le habla al plato, de modo que nadie entiende lo que dice.

—Ponte recta —le dice Alice, su madre.

—¿Qué?

—Ya me has oído. Ponte recta. Recuerda dónde estás. Éste es un buen restaurante.

—Como si no lo supiera.

—No te hagas la sabihonda, Kelly.

—Lo que tú digas, mamá —murmura Kelly en tono sarcástico.

—Lqtu igsma —dice Alice.

—¿Qué?

—Eso es lo que he oído. No entiendo ni una palabra. No hables con la boca llena.

—¿Por qué no te metes en tus propios asuntos?

Si de verdad quieres montar una escena en el restaurante, búrlate de tu hija. De lo contrario, te sugerimos que evites hacerlo. (Véase «Cuando las burlas hacen daño», Capítulo 1, para saber cuándo puedes burlarte un poco de tu hijo y cuándo sobrepasas el límite.)

Es bastante normal que los padres digan algo como «Estamos en un restaurante, ponte recta» o «Estamos de visita. No toques eso». Sin embargo, cuando dices algo por el estilo te limitas a afirmar una obviedad. Estos comentarios resultan inútiles; lo único que conseguirás es irritarla y provocarla, y dado que estás en un restaurante o en casa de amigos, no es una buena idea.

Sinceramente, tu hija se tomará cualquier crítica a mal, sobre todo si es en público. Da igual que estés en compañía de tus íntimos amigos: tu hija sentirá que tus comentarios son una manera de avergonzarla en lugar de un intento razonable de corregirle los modales. Al decirle que se comporte, quizá creas que le haces un favor al ahorrarle la vergüenza de parecer una maleducada, pero desde el punto de vista de tu hija, la que la avergüenza eres tú.

El objetivo de esta conversación, o en este caso de las exigencias de Alice, fue corregir la conducta de Kelly. Y en vez de eso lo único que obtuvo fueron las impertinencias de su hija y ninguna mejora en sus modales.

UN ENFOQUE MEJOR

Los Stewart han salido a cenar con sus amigos.

—Kelly, intenta ponerte recta —susurra su madre.

Kelly se pone recta lentamente, para fingir que no le hace caso.

—Estamos en un buen restaurante. Sólo quería recordártelo.

—Como si no lo supiera.

—Vale, vale.

Puede que esta conversación no te parezca mucho mejor, pero lo es. Tu hija no te obedecerá de manera automática, y no querrá reconocer que tienes razón (como no nos cansamos de repetir), pero te escuchará cuando comentas algo más o menos intrascendente y dices «Intenta ponerte derecha». Si lo dices respetuosamente —se lo pides en vez de darle órdenes— tu hija se pondrá derecha después de un momento, aunque no te diga «¡Tienes razón, mamá!».

Esta conversación es mejor que la primera gracias a la reacción de Alice. Esta vez la deja tranquila, en vez de insistir. Sabe que no es el momento ni el lugar para meterse en una pelea, y el modo de evitar una pelea por un asunto tan trivial es abandonar el tema. Además es probable que haya notado que Kelly le hizo caso y se puso derecha.

5

«ME PARECE BIEN QUE TE EXPRESES, PERO ¡QUÍTATE ESA CAMISETA!»

Ropa, tatuajes y *piercing*

Cuando tu hijo se expresa poniéndose un *piercing* o llevando ropa que consideras inadecuada, te enfrentas a algo que va más allá de la moda y que también abarca cuestiones como la autoestima y la confianza en sí mismo. Supongo que todos habéis descubierto que los adolescentes somos exigentes y extremadamente susceptibles, y que en general, tratamos de dominarnos y no echaros la culpa de todo lo que nos sale mal. Sin embargo, no debería ser necesario andar de puntillas para no ofender a tu hijo o hija adolescente.

Aunque las opiniones de padres y adolescentes difieren en cuanto al tipo de ropa aceptable (por ejemplo, los adolescentes consideran que llevar los tejanos a la altura del pubis es normal, mientras que a los padres les parece inconcebible), a veces aprecian que les digas que la ropa los convierte en blanco de acoso, o algo todavía peor. Aunque es verdad que algunos adolescentes necesitan llamar la atención, ninguno se sentiría cómodo en semejante situación. Si le explicas a tu hija que quien se sentirá incómoda vestida de cierta manera será ella y no tú, puede que aprecie el consejo y se cambie, aunque simule discutir contigo al respecto.

Si tu hijo lleva una camiseta impresa con algo que supone un insulto racial o religioso, debes intervenir y explicarle que aunque ésa sea su manera de expresarse, otros pueden considerarlo un agravio.

A lo mejor tus hijos aprecian tus consejos, pero si no es así, las cosas se pondrán más complicadas. Cuando te enfrentas a tu hija y le dices que se quite esa camiseta porque es demasiado escotada, estás metiéndote en un terreno completamente diferente. Tanto en la escuela como en el instituto hay grupos sociales muy diversos, y la mayoría de los chicos querrán formar parte de alguno; para los adolescentes forma parte de «quiénes son». Pertenecer a un grupo social supone vestirse de cierta manera. La ropa suele indicar quién es «enrollado» y quién no. Cuando le dices a tu hija que se cambie de camiseta, crees que estás hablando de la ropa, pero para ella significará que le prohíbes ser «enrollada» y pertenecer a un grupo.

Código de vestimenta

Cuando tu hija lleva ropa extremadamente inadecuada (al menos según tus normas)

«¡NO TE PONGAS ESA CAMISETA DE FULANA!»

Judy, la hija de Simon, ignora el aspecto que tiene. Su cuerpo ha empezado a desarrollarse y tal vez no se da cuenta de que la imagen que tiene de sí misma no concuerda con cómo la ven los demás.

Hace poco, Britney Spears ha perdido aceptación en el grupo de Judy. Simon decide aprovechar esta circunstancia.

—¿De verdad piensas salir con esa camiseta? —Simon

le pregunta a Judy cuando entra en la cocina con una camiseta escotada.

—¿Qué tiene de malo?

—Britney lleva ese tipo de camiseta y todos dicen que parece una fulana. No querrás que piensen lo mismo de ti, ¿verdad?

—¡Sí, eso es exactamente lo que quiero! —grita Judy en tono sarcástico y abandona la cocina.

No debiste decir eso. No, Simon. No, no, no. Es una buena idea señalarle que Britney lleva una camiseta como ésa, pero decirle a tu hija que parece una fulana no lo es. Debes dejar que saque sus propias conclusiones cuando le dices que Britney lleva algo parecido. De lo contrario, te convertirás en su enemigo y encima no se cambiará de camiseta.

Cuando Simon pregunta «¿De verdad piensas salir con esa camiseta?» está provocando una reacción impertinente porque es obvio que piensa llevarla. Y lo mismo se aplica a decirle «No querrás que piensen lo mismo de ti, ¿verdad?».

Judy está tan enfadada que aunque haya pensado cambiarse de camiseta, ahora no lo hará, porque cree que su padre creería que le da la razón y que le importa su opinión.

Lo que Simon debería hacer es referirse al asunto de manera casual, diciendo: «Vi a Britney con una camiseta parecida en un revista.» Te sorprendería el efecto que puede tener en una chica de catorce años. La camiseta desaparecerá en pocos segundos, sin que Simon parezca el malo de la película.

Nota: esta estrategia también funciona con los chicos, pero tendrás que echar mano de una celebridad masculina.

«¿POR QUÉ NO TE PONES LA CAMISETA AZUL? TE QUEDA MEJOR»

Edna se está vistiendo para ir a la fiesta de cumpleaños de su amiga y se ha puesto una camiseta rosa que le queda demasiado estrecha. Lilian, su madre, lo nota y decide comentárselo para evitar que pase vergüenza.

—Déjame ver cómo te queda ese conjunto —dice Lilian.

Edna se vuelve con expresión confiada.

—Tal vez deberías ponerte otra cosa...

—¿Por qué?

—Tienes cosas que te quedan mejor, eso es todo.

—Eso lo dirás tú —replica Edna en tono insolente.

—Vale. Según mi opinión, eso no te queda bien.

—Vale. Entonces no me mires —contesta Edna, volviendo a mirarse en el espejo.

Lilian empieza la conversación correctamente al hacer un comentario casual sobre el conjunto. Acierta porque demuestra que dedica tiempo a ayudar a su hija y Edna comprende que ella le importa, y eso es lo más importante. Tu hija comprenderá que te importa y que tu comentario no se limita a indicar que la camiseta no le queda bien porque quieres ponerla incómoda.

Pero al igual que en la situación anterior, las palabras son muy importantes. Cuando se trata de la imagen corporal, debes aplicar la máxima delicadeza.

Cuando Lilian dice cosas como «Tal vez deberías ponerte otra cosa» y «Tienes cosas que te quedan mejor» se está metiendo en terreno peligroso. Edna interpreta estos comentarios como «Te hace parecer gorda» o «Pareces una fulana», según lo que hace que Edna se sienta insegura en ese día en particular.

Si dices algo por el estilo, tu hija automáticamente se pondrá a la defensiva, como Edna. A ningún adolescente le gusta que lo ofendan. Seguro que dará la vuelta a la situación y dejará claro que la estúpida y la que no está al corriente es la madre.

Tal vez pienses que da igual que te insulte. No pasa nada. Pues te equivocas. Has metido la pata. Los padres deben comprender que los adolescentes son rencorosos y rara vez olvidan cuando un padre o una madre dice algo ofensivo como «Eso no te queda bien». Al decirlo, el adolescente cree que no sólo te refieres a la ropa, sino también a su cuerpo.

SEGUNDA CONVERSACIÓN: CÓMO DESHACER EL ENTUERTO ANTES DE QUE SEA DEMASIADO TARDE

Lilian se da cuenta de que sus palabras pueden haber ofendido a su hija. Deja pasar media hora antes de hablar con Edna, para que no haya malos entendidos.

—Edna, escúchame...

—No, gracias. Me parece que ya te he escuchado bastante esta noche...

—Lo siento.

—Da igual. Es obvio que crees que esta camiseta no es adecuada para mi cuerpo. ¿Por qué te disculpas, si en realidad te importa un pito?

—Me temo que lo que he dicho ha podido confundirte. No quería decir que la camiseta te quedaba mal. Sólo que tienes muchas otras que podrías ponerte en vez de ésa. Hay otras que te quedan mucho mejor, como la azul o la marrón, y sé que quieres tener buen aspecto, así que creí que mi opinión te resultaría útil. Pero no ha sido así y encima te he ofendido, así que lo siento.

—Pues es demasiado tarde. Haz el favor de dejarme en paz antes de que digas otra cosa que en realidad no quieres decir.

—Sólo te pido que reflexiones sobre lo que he dicho.

No obligues a tu hija a mantener esta conversación. Es probable que esté realmente dolida y que te hable en tono brusco porque no quiere llorar. Para un adolescente es más fácil mostrarse enfadado y resentido que ser sincero y llorar delante de ti. Sinceramente, nos avergüenza llorar delante de nuestros padres, sobre todo si quienes han hecho los comentarios ofensivos habéis sido vosotros. No queremos que notéis que le damos tanta importancia a vuestros comentarios.

Lilian acierta al empezar diciendo que se ha expresado mal. Demuestra que está dispuesta a hacerse responsable de haber ofendido a su hija. Al decir «Me temo que lo que he dicho ha podido confundirte» Lilian reconoce que su comentario fue ofensivo y que sabe por qué, pero que también quiere que Edna sepa que ésa no era su intención. Incluso fue más allá y le dijo exactamente qué quería decir.

Además, en este tipo de situación no debes decir «Tienes otras cosas que te quedan mejor» sin proponer un ejemplo. Lo más probable es que tu hija se haya pasado media hora probándose camisetas y que no haya encontrado ninguna que le quedara mejor. Es obvio que ha considerado que la camiseta que lleva es la mejor opción, puesto que se la ha puesto, de modo que si no se te ocurre otra cosa tus consejos no sólo serán inútiles, harán que tu hija se sienta aún peor.

UN ENFOQUE MÁS ADECUADO

—¿A ver cómo te queda este conjunto? —dice Lilian. Edna se vuelve con expresión confiada.

—Me gusta, pero la camiseta azul o la violeta me gustan más.

—¿De veras? ¿Por qué?

—No lo sé. Cuestión de gustos. Creo que las otras te sientan mejor.

—Humm. Vale. A lo mejor —dice Edna y vuelve a mirarse en el espejo.

CONSEJO

Aunque tu hija reaccione de manera exagerada, evita frases como «No seas tan susceptible». No mejorarás la situación. Sólo se sentirá peor de lo que ya se siente.

Al hablar de la imagen corporal, tus comentarios deben ser breves, sencillos y directos; así evitarás los malentendidos. En la conversación anterior, Lilian estuvo bien al decir: «Me gusta, pero la camiseta azul o la violeta me gustan más.» Eso es bastante directo. Le dice a Edna que tiene mejores opciones y cuáles son, y le ahorra la molestia de volver a buscar otro conjunto.

CÓDIGO DE VESTIMENTA PARA PADRES

Al igual que te avergüenzas cuando tu hijo adolescente se pone cierta ropa, éste a veces se avergüenza si te pones algo «sólo apto para alguien más joven». Obviamente puedes ponerte lo que quieras, y tu hijo no podrá impedirlo, pero recuerda que si criticas lo que nos ponemos, nosotros tenemos derecho de criticarte a ti.

Procura no ponerte ropa destinada a los adolescentes si consideras que podría molestar a tu hijo. Para los adolescentes es necesario que haya diferencias entre ellos y sus padres, de modo que tu vestimenta puede convertirse en un tema muy delicado. Ni se te ocurra tomar prestada la ropa de tu hijo o hija. No sólo los mortificará el mero hecho de que te pongas su ropa, sino que si por casualidad te queda «mejor»... Bueno, más vale no hablar de ello. Lo ideal es que nunca lo descubramos, ¿de acuerdo?

Y también ha sido una buena idea decirle «Cuestión de gustos». Así, si Edna opta por llevar la camiseta que tiene puesta, sólo será porque sus gustos difieren de los tuyos y no porque necesita afirmarse frente a ti.

«NO IRÁS A CASA DE LA ABUELA CON MEDIO TRASERO AL AIRE»

Son las once de la mañana y la familia Schuel va con retraso. Ya deberían estar en casa de los abuelos para el almuerzo. Carol y Harvey esperan a su hijo Jason de quince años en el vestíbulo. Después de llamarlo a gritos durante diez minutos, Jason se arrastra fuera de su habitación vestido con su chándal medio roto (que evidentemente le ha servido de pijama). Harvey se enfada. Mientras lo esperaban, Jason ni siquiera se estaba vistiendo, seguía durmiendo.

—¿Estás de broma? ¡No saldrás de casa vestido de esa manera! —ruge Harvey—. ¡Vuelve a tu habitación y cámbiate inmediatamente! ¡Ya estamos llegando tarde por tu culpa!

—Eh, tranqui, papá. ¿Qué pasa contigo? No vamos a ningún lugar elegante, sólo a casa de la abuela. Quiero ir en chándal, así que eso es lo que llevaré.

—De acuerdo, pero en ese caso no vienes.

—Vale, pesado.

Comprendemos que te frustre que te hagamos llegar tarde. También sabemos que es desconsiderado, pero eso no significa que nos importe. Si no es importante —y es evidente que para Jason llegar puntual a casa de su abuela no lo es— entonces motivarnos para que hagamos algo supone un esfuerzo mayúsculo, por no hablar de hacerlo a tiempo.

Es bastante obvio que Harvey lo sabe: no es la primera vez que ocurre. Por eso se enfada tanto cuando Jason aparece como si nada, pero enfadarse no resolverá la situación, sólo la empeorará. Tu hijo estará de mal humor cuando se levante, haya dormido las horas que haya dormido, así que decide si quieres discutir el asunto de la puntualidad a estas horas, porque tu hijo considerará que es muy temprano. Tal vez no sea práctico. Tardarás una hora en llegar a casa de la abuela y tu hijo sabe cómo convertir el trayecto en coche en algo increíblemente desagradable. Quizá sería mejor postergar la discusión hasta después de la visita.

Cuando Harvey empieza a chillar, Jason no piensa: «Oh, a lo mejor el chándal no es la prenda más adecuada. Mejor me cambio antes de que papá se enfade todavía más.» Lo que piensa es «¡Qué coñazo! Debe de haber dormido mal», porque como no le da importancia, cree que debe de haber otro motivo para que su padre se enfade.

Francamente, Jason cree que tiene razón. No van a ningún lugar elegante y no comprende por qué no puede ir en chándal. De modo que cuando Harvey reacciona con un ultimátum: cámbiate o no vengas, Jason acepta el desafío y opta por no ir.

Por supuesto que no puedes ignorar el asunto, pero Harvey podría haberse limitado a decir: «Comprenderás que llegaremos tarde por tu culpa, ¿correcto?» Con eso bastaría para transmitir el mensaje con toda claridad.

Lo primero que has de preguntarte antes de meterte en una discusión es: «¿De verdad merece la pena?» Todos los padres deben elegir cuándo presentar batalla; de lo contrario, los hijos serán incapaces de distinguir entre lo que es importante y lo que no lo es tanto. Si todos los días hay una pelea por un asunto nuevo, dejarán de tomarte en serio, que es lo peor que puede pasar.

Si la cuestión del chándal te resulta realmente importante, abajo te sugerimos un enfoque mejor. Si no lo fuera, pero prefieres que se cambie, dile: «No te pediré que te cambies porque ya estamos llegando tarde, pero la próxima vez que vayamos a casa de la abuela, ponte algo un poco más formal. Creo que la abuela lo apreciaría.» Debería ser suficiente. Se pondrá ese horroroso chándal, pero ahora sólo habrá un asunto en discusión, «su desconsiderada impuntualidad», que quizá sea más importante que el chándal.

UN ENFOQUE MEJOR

—Jason, haz el favor de cambiarte.

—¿Por qué?

—Sé que sólo vamos a casa de la abuela, pero tal vez le parezca una falta de consideración.

—Eso es problema suyo. A mí me asquea su mal aliento, pero no le digo que se cepille los dientes, ¿verdad?

—No te hagas el gracioso. Hazme el favor de ponerte unos tejanos, y no esos que te dejan medio trasero al aire.

—Vale —dice Jason, poniendo los ojos en blanco.

—Gracias, y date prisa. Te has quedado veinte minutos más en la cama y llegaremos tarde.

—¡Uy!

Ésta es una conversación bastante productiva. Aunque Harvey está enfadado porque Jason le ha hecho esperar, no ha perdido los nervios y sólo hace un comentario casual sobre el asunto. Es positivo, porque ahora Jason lo tendrá en cuenta y podrán abordar la cuestión más adelante.

Y también porque Harvey no le riñe cuando Jason se pasa de listo y hace un comentario impertinente sobre la madre de Harvey. En vez de eso le dice que cambie de tema y le pide un favor. Así disimula que se trataba de una exigencia. Jason no puede ofenderse porque su padre le diga que se cambie. La manera de plantearlo no le da otra opción.

Cuando tu hijo se pone algo sumamente ofensivo

«¡ESA CAMISETA ES DE RACISTAS!»: EL ENFOQUE A EVITAR, AUNQUE SEA INEVITABLE

Últimamente, Ted muestra predilección por un programa de dibujos animados. Le gusta tanto que ha empezado a llevar camisetas con citas del programa. Su última adquisición es una camiseta con una frase que, tomada fuera de contexto, puede parecer racista. A Andrew, su padre, le preocupa que si la lleva en el instituto o en el metro, tal vez tenga que vérselas con alguien que la considere un insulto. Como quiere proteger a su hijo, Andrew le habla de la camiseta.

Ted entra en la cocina para despedirse antes de ir al instituto.

—¿Te has vuelto loco? ¿Cómo se te ocurre ponerte esa camiseta para ir al instituto?

—¿Qué? ¿Por qué?

—Te estás buscando un puñetazo si te la pones.

—Una vez más: ¿por qué? —dice Ted en tono impertinente.

—¿No se te ha ocurrido que alguien podría ofenderse por lo que pone en la camiseta?

—¿Y qué? Si no les gusta, que no la miren.

—¿Bromeas? ¿Si alguien dice algo que te ofende, pasarías de largo? No, le darías un puñetazo. No seas tonto y cámbiate la camiseta.

—Hombre, gracias por el consejo —contesta Ted en tono sarcástico y sale por la puerta.

Andrew estaba en lo correcto. Pero se deja obnubilar por su enfado, porque el motivo para que Ted no lleve esa camiseta era perfectamente lógico. Lo plantea muy bien cuando le dice «¿Si alguien dice algo que te ofende, pasarías de largo?». La mayoría de los adolescentes son bastante quisquillosos, y es improbable que pasen de largo si alguien los ofende. Seguramente Ted lo ha comprendido.

El problema es que Andrew intercaló un punto importante entre dos comentarios como «¿Bromeas?» y «No seas tonto y cámbiate la camiseta». No lograrás que te comprenda si empiezas por decirle «tonto» u otra cosa que lo haga pensar que tú siempre tienes razón y él no.

«ESTA CAMISETA PODRÍA RESULTAR OFENSIVA»: EL ENFOQUE CORRECTO

Ted entra en la cocina para despedirse antes de ir al instituto.

—Me parece que sería mejor que no te pusieras esa camiseta para ir al instituto —dice Andrew.

—¿Por qué?

—Alguien podría ofenderse. No digo que te preocupes por los sentimientos de todo el mundo, pero supongo que no querrás meterte en problemas...

—No creo que una camiseta sea un problema para nadie. Sería patético —dice Ted.

—De acuerdo. Pero patético o no, es muy posible. Si en una camiseta pusiera algo que te ofende, ¿de verdad pasarías de largo sin hacer un comentario?

—Sí.

—Muy bien. No hace falta que te cambies. Sólo era una sugerencia, pero yo le daría un puñetazo a cualquiera que llevara puesto algo que realmente me ofende.

—Olvídalo, ¿vale? Me cambiaré si con eso consigo que te calles.

—Gracias, ahora me quedo más tranquilo.

El hecho es que tus hijos aborrecen que los fastidies y a veces te obedecen porque saben que después te callarás. Eso es lo que le ocurre a Ted. Quizá comprenda las objeciones de Andrew, pero son las siete de la mañana y no quiere seguir con el asunto. Prefiere cambiarse.

De todos modos, Andrew plantea cosas inteligentes. Por ejemplo cuando dice «No estoy diciendo que debes tener en cuenta los sentimientos de todo el mundo» antes de que Ted pueda replicar «Eso no es asunto mío». Eso demuestra que Andrew se ha adelantado a Ted y evita sus objeciones antes de que surjan los comentarios desagradables.

Además Andrew creyó que Ted estaría de acuerdo con él cuando dijo «Si en una camiseta pusiera algo que te ofende, ¿de verdad pasarías de largo sin hacer un comentario?», pero olvidó que Ted no quiere reconocerlo, aunque lo esté. Así que cuando Ted dijo «Sí», Andrew hizo la jugada correcta diciendo que él le daría un puñetazo a algo si lo ofendiera. Entonces, aunque Ted responda diciendo «Bueno, yo no opino lo mismo», su padre puede decir «Lo comprendo. Pero hay unos cuantos loquitos que sí. Si no quieres tener problemas, lo tendrás en cuenta».

La ropa tampoco crece en los árboles

«NECESITO ESOS TEJANOS, CUESTE LO QUE CUESTE»

Kate tiene trece años y sólo quiere llevar ropa de ciertas marcas. Es muy importante para ella, porque quiere encajar en el grupo, y cree que llevar los tejanos, la ropa y el calzado correctos supone ser aceptada. De hecho, quizás afecte la manera en la que las otras chicas la ven, pero lo más importante es que el hecho de identificarse con un grupo determinado por la forma de vestir le da confianza en sí misma.

Hoy ha ido de compras con su madre, a una tienda donde venden todo tipo de ropa de precios muy diversos, y se muere por unos tejanos de determinada marca.

—Mira, mamá, ¿qué te parecen éstos?

—Son bonitos. ¿Cuánto cuestan?

—¿Por qué lo primero siempre es el precio? ¿Y si me quedan bien?

—¿Para qué probártelos, Kate, si son demasiado caros? Si te gustan sólo te enfadarás si no te los puedo comprar.

—Pues me los probaré igual.

Su madre mira el precio de los tejanos.

—Como quieras, pero te advierto que no pienso pagar tanto dinero por un par de tejanos. Son demasiado caros.

—Venga, mamá, por favor. Son divinos.

—Aquí hay millones de tejanos diferentes, y de hecho hemos venido para comprarte unos. Mira éstos —dice, sosteniendo otros—. Son igual de monos y cuestan una cuarta parte.

—¡Puaj!, son Marcus. No puedo llevar esos tejanos.

—Pues yo no le veo la diferencia.

—Los tejanos Marcus son de imitación.

—Lo siento, pero en ese caso no te compraré nada. Estaba dispuesta a comprarte este par, pero ahora te estás portando como una niña mimada. Esto no funciona así. Vamos, tengo que comprar unas zapatillas deportivas para tu hermano.

—¡Puaj! —exclama Kate, entornando los ojos.

—Por favor, no montes una escena en la tienda.

—¡No monto ninguna escena! —exclama Kate, pateando el suelo y tratando de controlar su frustración.

Esta situación no parece demasiado grave (nadie chilla ni arroja cosas) pero hay varias cuestiones que permanecen subyacentes y de las que no se habla. En parte se debe a que Kate y su madre están en público, pero también porque ninguna de las dos quiere exponer el auténtico problema.

Lo principal es que Kate no puede comprarse los tejanos que quiere. Su madre lo deja claro e intenta mejorar la situación ofreciéndole otro par más barato, pero a Kate le da igual lo que diga su madre: quiere esos tejanos.

La mejor manera de abordarlo, o al menos la más eficaz, es hablar con tu hija fuera de la tienda. No puedes limitarte a decir: «Son demasiado caros» porque lo único que oirá es: «No pienso comprártelos.» No es necesario que entres en detalles acerca de tu situación económica; bastará con que le digas cuánto estás dispuesta a pagar por un par de tejanos.

Entonces podréis intentar resolver el problema. A lo mejor hay una tienda cercana donde venden ropa de diseño rebajada. Tal vez podríais pagarlos a medias. O Kate podría incluirlos en una lista de regalos para su cumpleaños. O comprar unos más baratos y adornarlos con una cinta u otra cosa que le parezca adecuada para personalizarlos. Sea lo que sea, comenta las opciones con ella. Tal vez no lo acepte de inmediato, porque seguirá queriendo los otros pantalones, pero una vez que comprenda que no se los comprarás, quizás acepte tus sugerencias, así que ten paciencia.

Pero aunque eso funcione, no has llegado a la raíz del problema, que es que tu hija quiere integrarse en un grupo y considera que llevar ropa de una marca cara le ayudará a hacerlo. Desde ahora te advertimos que pese a que sepa que ésa es la razón, se negará a reconocerlo. Tal vez sepa que ser aceptada por la ropa que lleva no debería ser importante, así que no puedes decirle: «Sabes que no son auténticas amigas si no te aceptan con lo que llevas puesto.» Puede que funcione en la tele, pero aquí, no.

Como no reconocerá que ése es el motivo por el cual quiere los tejanos (es posible que ni siquiera lo sepa), se enfadará contigo por acusarla de ello. No mantengas una conversación acerca de ser una misma en medio de una discusión sobre tejanos. Podrás hablar de la aceptación más adelante.

CONFORMISMO ADOLESCENTE

No acuses a tu hija —o a sus amigas— de ser superficiales o de querer ser como todos las demás chicas del instituto. Cuando dices: «Quieres tal cosa porque todas las demás la tienen», tu hija interpreta: «No tienes personalidad. Me decepcionas.» Como sabe que en cierta medida tienes razón, se pondrá muy a la defensiva. Evita este tipo de comentarios. No solucionan nada. Se volverá más insegura y no te prestará atención en absoluto. Pero ten por seguro que no dirá: «¡Tienes razón! Ahora me doy cuenta. ¡Gracias!»

Piercing y tatuajes

Es normal que prefieras que tu hijo jamás te diga «¿Puedo hacerme un tatuaje?» o «Estaría bien hacerme un *piercing* en un pezón», pero a lo mejor de todas formas está pensando en hacerse un tatuaje o un *piercing*, con o sin tu permiso. Seamos sinceros. Siempre que se lleve a cabo con las condiciones higiénicas correctas, un tatuaje o un *piercing* no suponen peligro alguno. Como madre, o padre, tu primer objetivo debe ser asegurarte de que tu hijo se sienta cómodo al hablarte de la posibilidad de hacerse un tatuaje o un *piercing*. Procura que no se sientan intimidados al hablarte del asunto, porque entonces tomarán la iniciativa sin consultarte. En ese caso, es más probable que corran algún riesgo y perderás la oportunidad de convencerlos de que no lo hagan.

Y también trata de ponerte en su lugar. Las cosas han cambiado y será mejor que lo recuerdes antes de enfadarte con él. Es posible que cuando tú ibas al instituto, los únicos que llevaban tatuajes fuesen los delincuentes, y nadie se perforaba otra cosa que las orejas, pero hoy en día es una práctica bastante común.

A fin de cuentas, se trata del cuerpo de tu hijo, y él lo sabe; si intentas impedírselo, sólo lograrás que se distancie. Si un adolescente realmente quiere hacerse un *piercing* o un tatuaje, se lo hará.

Quizá pienses «¡Ni hablar!», pero si ésa es tu actitud, es posible que ya se lo haya hecho y que tú nunca llegues a enterarte. Una vez que tu hijo o hija se ha convertido en adolescente, él o ella pueden llevar un *piercing* o un tatuaje que nunca verás. Conocemos montones de jóvenes que se han hecho un tatuaje en la cadera o el trasero, o un *piercing* en el ombligo, y sus padres lo ignoran. Es bastante sencillo.

Pero el asunto es que tu hija no quiere hacerlo a tus espaldas. Preferiría hacerlo con tu aprobación. Aunque no quiera que la acompañes cuando se haga el tatuaje o el *piercing*, si hablas de ello abiertamente, podrás asegurarte de que lo haga sin correr riesgos innecesarios. ¿No preferirías que fuera así?

¿Qué hacer para que tu hija se sienta lo bastante cómoda para hablarte de ello? Primero responde a esta pregunta: ¿haces comentarios despectivos cada vez que te cruzas con alguien que lleva un *piercing* en la ceja o el labio? En ese caso, deja de hacerlo. No te pedimos que te muerdas la lengua o que dejes de manifestar tu opinión. En vez de decir «¡Qué imbécil!», limítate a decir algo como «¿Realmente querrá tener agujeros en el cuerpo durante el resto de su vida?». Así, tu hija recordará que los *piercings* no siempre se cierran, que podría ser una elección bastante permanente y no una simple prueba.

Antes de que ocurra: pedir permiso

«VENGA, DÉJAME HACERLO»

Lauren tiene quince años y quiere hacerse un *piercing* en el ombligo. Sabe que sus padres se pondrían histéricos si lo hiciera a sus espaldas, así que decide pedirles permiso y se pasa una semana pensando cómo abordarlos. Por fin, el sábado por la noche, cuando sus padres se preparan para salir, entra en su habitación.

—Hola, mamá, papá —dice Lauren y se sienta en la cama.

—Estaremos en casa de los Thompson. El número está apuntado y papá se lleva el móvil.

—Vale. Pues...

—Eso suena a que quieres pedirnos algo.

—¡Papá!

—Bueno, ibas a pedirnos algo, ¿verdad?

—No, no puedes volver más tarde —interrumpe su madre.

—Jolines, mamá. No iba a pediros nada por el estilo. Sólo quería saber si me dais permiso para hacerme un *piercing* en el ombligo. No sería ahora mismo, había pensado hacerlo antes de las vacaciones, dentro de unas dos semanas o así.

—¡No lo dirás en serio! —replica su madre.

—Pues sí, ya he pensado en el tema y sé que quiero hacerlo. He sopesado las ventajas y los inconvenientes y creo que estoy preparada. Tengo quince años, y creo que soy lo bastante mayor para ponerme un anillo en el ombligo.

—Tu padre y yo decidiremos cuándo eres lo bastante mayor. ¿Y sabes una cosa? No lo eres.

—¡Pero mamá! ¡Eso es muy injusto!

—No discutas. Un anillo en el ombligo es cutre y eres demasiado joven. Esta discusión es absurda.

—Os odio. Sois muy injustos. La mamá de Julie le ha dado permiso, Amanda ya se lo hecho y Kate lleva un *piercing* en la ceja. ¡Sois unos plastas!

—¡No le hables así a tu madre!

—Ella acaba de decirme cutre, ¡así que le diré lo que me dé la gana! —Lauren sale corriendo de la habitación y da un portazo.

Obviamente, ésta no es la mejor manera de acabar la conversación. Si tu hija te pide permiso antes de hacerse un *piercing*, alégrate de que al menos se dirija a ti. Aprovecha la oportunidad para que se haga una idea de lo que supone antes de hacer algo que desapruebas. Al pedirte permiso ha dejado la pelota en tu tejado, y eso te proporciona la oportunidad de retrasar la decisión. Además, no hay motivo para que la discusión se desarrolle de esa manera.

No decimos que no te opongas con firmeza y le prohíbas que se haga un *piercing* en el ombligo; muchos adolescentes lo comprenderán perfectamente y no querrán desobedecerte. Pero si no abandona la idea, tendrás que cambiar de enfoque. En la situación anterior, está bien que la madre diga: «Tu padre y yo decidiremos cuándo eres lo bastante mayor.» Aunque tu hija diga que es muy injusto, no significa que no te escuche. Lo desea con mucha intensidad, así que es normal que se disguste si no le das permiso. Pero lo más importante es descubrir por qué se enfada contigo hasta ese punto.

El motivo principal del enfado de Lauren —tanto que les dice a sus padres que los odia— no se debe a que le prohíban hacerse un *piercing* en el ombligo. De hecho ya se imaginaba la respuesta antes de mantener la conversación. Está enfadada porque considera que su madre la trata de un modo ofensivo. Lauren aceptaría que le digan: «Eres demasiado joven», pero cuando su madre dice: «Es cutre», ella interpreta: «¡Qué mal gusto tienes! Me parece repugnante y tu opinión no es válida.» Es evidente que Lauren no comparte la opinión de su madre, así que criticar los *piercing* en general la enfadará mucho más que una simple negativa.

«HAGAMOS UN TRATO»

—Hola, mamá, papá —dice Lauren y se sienta en la cama.

—Estaremos en casa de los Thompson. El número está apuntado y papá se lleva el móvil.

—Vale. Pues...

—Eso suena a que quieres pedirnos algo.

—¡Papá!

—Bueno, ibas a pedirnos algo, ¿verdad?

—No, no puedes volver más tarde —interrumpe su madre.

—Jolines, mamá. No iba a pediros nada de eso. Sólo quería saber si me dais permiso para hacerme un *piercing* en el ombligo. No sería ahora mismo, había pensado hacerlo antes de las vacaciones, dentro de unas dos semanas o así.

—¡No lo dirás en serio! —replica su madre.

—Pues sí, ya he pensado en el tema y sé que quiero hacerlo. He sopesado las ventajas y los inconvenientes y creo que estoy preparada.

—Venga, Lauren, ¿no te parece que todavía eres demasiado joven?

—En realidad no, papá. Hoy en día las cosas han cambiado. Tengo quince años y creo que ya soy lo bastante mayor para ponerme un anillo en el ombligo.

—Es posible, Lauren. Pero preferiríamos que esperaras un poco. Lo comprendes, ¿verdad?

—¡Sabía que dirías algo así! ¡Pero es mi ombligo, no el tuyo!

—Sí, pero mientras seas menor de edad, nosotros decidiremos lo que ocurre con ese ombligo —dice su padre, y le saca la lengua.

—De acuerdo. No lo haré este año, pero ¿y el año que viene?

—¿Qué te parece si volvemos a considerarlo cuando llegue el momento?

—¡Con vosotros es inútil! —dice Lauren, indignada.

—Es verdad —dice su padre con una amplia sonrisa.

—Debes comprender que es la primera vez que lo mencionas, Lauren, y nos has pillado desprevenidos. Danos tiempo de pensarlo y tú también has de pensártelo. Tienes que estar segura de que realmente quieres hacerlo. Aunque sabemos que has reflexionado al respecto, soy tu madre y tengo que señalarte que se trata de agujerearte el cuerpo.

—Lo sé, lo sé. Sólo te pido que lo pienses.

—De acuerdo, cielo.

Aunque Lauren no ha conseguido lo que quería, lo considera un éxito porque no se ha peleado con sus padres por el asunto del *piercing*; además considera que su conducta ha sido «adulta», les «ha advertido» que quiere hacérselo y que no abandonará la idea. Los padres también creen que han tenido éxito porque de momento han logrado conformarla, y en vez de decir: «¡No! ¡Jamás! ¡No puedes!», han conservado la calma y la conversación no se les ha ido de las manos.

¡TE ODIO!

Esa frase por sí sola merecería un capítulo o incluso un libro entero. Es importante que comprendas qué quieren decir los adolescentes cuando la sueltan.

No te lo tomes al pie de la letra. De hecho, la mayoría de las veces lo decimos movidos por la frustración, en un momento de enojo. La mayoría de los adolescentes no dirán «Te odio» cuando piensan de manera racional (es decir, cuando no se están peleando contigo), porque en ese momento no lo sienten.

Si lo decimos en medio de una pelea, suele ser a falta de una frase mejor. Cuando nos enfadamos no pensamos con claridad y no estamos dispuestos a buscar la expresión que describa cómo nos sentimos. Es mucho más fácil decir «Te odio», porque reúne todos nuestros sentimientos en una frase hiriente que podemos arrojaros a la cara.

En una situación como la de Lauren, los padres deben tomarse ese «Te odio» con calma. Puedes reprender a tu hija por decirlo o por ser grosera; sabemos que es feo decir «Te odio» y que no lo decimos en serio, pero en un momento de enfado se nos puede escapar.

Es muy probable que la conversación se repita, puesto que todos han convenido postergarla hasta más adelante; ésa también ha sido una buena decisión, porque ha evitado una pelea... y tal vez otras que se producirían cada vez que Lauren tocara el tema. (No olvides que una adolescente cree que ya es mayor cuando han pasado dos semanas, así que no te sorprendas si tras dos semanas te dice «¿Puedo hacérmelo ahora?».)

La táctica de los padres es positiva, porque en vez de decirle «De ninguna manera. No pensamos discutirlo», hablan con su hija sobre el *piercing*. Ningún adolescente se conforma con una negativa rotunda, porque aunque no consigamos lo que queremos, pretendemos tener la oportunidad de plantearlo.

En esta situación, Lauren no tiene inconveniente en contestar a preguntas como: «¿No te parece que todavía eres demasiado joven?» Los padres apuestan por el diálogo en vez de gritarle. Y aún más importante: no le sueltan un sermón ni reaccionan de manera exagerada, como si les hubiera pedido marihuana. Pedir permiso para hacerse un *piercing* no es el fin del mundo y tratarlo como si fuera algo importantísimo sólo aburrirá a tu hija (porque tiene que responder a preguntas cómo por qué quiere hacerse un *piercing*, o escuchar tus comentarios sobre posibles infecciones), o se enfadará (como en el primer caso).

Hacerse un *piercing* sin permiso: cómo abordarlo

Si tu hijo vuelve a casa con un *piercing* sin haberte pedido permiso, tienes dos opciones básicas: permitir que se lo deje u obligarle a quitárselo. Nosotras no somos las indicadas para decirte qué opción debes elegir, pero te diremos la mejor manera de lograr que se lo quite.

«¿ESTÁS DE BROMA? ¡QUÍTATE ESO INMEDIATAMENTE!»

Lauren se ha hecho un *piercing* en el ombligo sin pedir permiso. Ahora está de vacaciones en la playa con su familia, y ya no puede ocultarlo. Decide que es mejor contárselo a sus padres antes de que lo descubran por sí mismos.

—Mamá, papá, quiero mostraros una cosita. —Sus padres se dan la vuelta y la miran. Lauren se levanta la camiseta y les muestra el anillo que lleva en el ombligo desde hace dos semanas—. ¡Sorpresa!

—¡Ay, Dios mío! —chilla la madre.

—Ahora mismo te lo quitas...

—¡Pero papá!

—¡No! Quítatelo. Vete al baño y quítatelo. No te hemos dado permiso para que lo hicieras, así que te lo quitas inmediatamente.

—No. Es mi ombligo. Yo decidiré qué hago con él, y no me quitaré el anillo.

—Por favor, Lauren —ruega su madre.

—¡No debería habértelo mostrado! ¡No pienso quitármelo! —dice Lauren, marchándose furiosa.

—¡Vuelve aquí, Lauren! —grita su padre.

Éste es el peor resultado posible: no sólo no se quita el anillo, sino que se enfada y se marcha. Los padres se las han arreglado para que sea aún más difícil que se lo quite. Lo primero que deberían haber hecho es conservar la calma y no ponerse exigentes. En vez de estallar, deberían haber intentado hablar del asunto.

En esta situación, no debes rogar (como la madre de Lauren) ni dar órdenes (como el padre); lo mejor es mostrar tu enfado («¿Cómo has podido hacerte eso sin pedir permiso?») y después hablar de ello racionalmente («De acuerdo, Lauren, seamos racionales. Es evidente que queremos que te lo quites, y te explicaremos por qué»).

Cuando el padre de Lauren dice «No te hemos dado permiso para hacerte un *piercing*», Lauren interpreta: «Nosotros somos los amos, y te lo quitarás. Y sólo porque no queremos que tengas lo que quieres.» Es imprescindible que le expliques por qué no quieres que lleve un anillo en el ombligo.

¿Cuál es el motivo? ¿Que no pidió permiso? ¿Que es demasiado joven? ¿Porque podría infectarse? ¿Porque te parece que queda feo? Sea cual sea el motivo, deberás tratar de explicárselo lo mejor que puedas sin hacer acusaciones («Es cutre» o «Sólo las fulanas llevan anillos en el ombligo»).

Y no olvides la diferencia entre explicar y pegar la bronca. Si la sermoneas, tu hija no te escuchará. Debes plantearlo como un diálogo: tú ofreces tus motivos, pero ella también. Debes lograr que tu hija sienta que la escuchan, de lo contrario se limitará a marcharse furiosa.

ANTES Y DESPUÉS DEL «NO»

Aunque para un padre o una madre la diferencia entre hacer algo sin permiso y hacerlo después de haber dicho «No» parezca nimia, para un adolescente no es así. A menudo creen que hacer algo sin pedir permiso es mejor que arriesgarse a que te digan que no. Le parece mejor hacerlo y esperar que sus padres lo acepten (aunque en el fondo sepa que no lo harán), que pedir permiso y tener que desobedecer una prohibición para conseguir lo que quieren. Cuando estás a punto de chillar a tu hija por haberse hecho un *piercing* en alguna parte, intenta ponerte en su lugar. «¿Se trata de una transgresión abierta, o sólo una forma de soslayar la cuestión?» Sí, en el fondo sabe que te enfadarás, pero considera que no te ha desobedecido, y no cree que merezca que la trates como si lo hubiera hecho.

Nota sobre el piercing: recuerda que si ya hace unas semanas que tu hija lleva el anillo, decirle que se lo quite no supondrá castigo alguno. El agujero no se cerrará, así que podrá quitárselo cuando estés presente y volver a ponérselo una semana después, cuando está con sus amigos y tú no la ves.

«HAGAMOS UN TRATO»: VERSIÓN DOS

Lauren les muestra a sus padres el anillo que se ha puesto en el ombligo.

—¡Ay, Dios mío! —chilla su madre.

—Quítatelo ahora mismo...

—¡Pero papá!

—Lo siento. Sólo que... Bueno, ni siquiera nos has pedido permiso. ¿Qué esperabas que dijera?

—Lo sé, lo sé. Pero no te pongas histérico.

—Tienes razón. Pero quiero que te lo quites.

—¡Sabía que dirías eso! Por eso no te lo mostré.

—Verás, Lauren. Estamos un poco sorprendidos. Tu padre y yo no teníamos idea de que te habías hecho un *piercing*, y ahora te levantas la camiseta y resulta que tienes un agujero en la barriga.

—Vale, mamá. Lo comprendo. Pero ¿por qué tengo que quitármelo?

—Podría darte varios motivos, pero el principal es que no has pedido permiso...

—Y porque eres demasiado joven, podrías haberte hecho daño y... —añade el padre de Lauren.

—Sabía que si te pedía permiso, no me dejarías hacerlo.

—¿Entonces por qué lo has hecho, si sabías que no lo aprobaríamos? —pregunta su madre.

—No lo sé. Tenía muchas ganas de llevarlo.

—Lo comprendemos, pero eso no significa que puedas salirte con la tuya.

—Lo sé, lo sé.

—Verás, Lauren, quizá podamos volver a hablar de ello dentro de un par de meses o el año que viene. Si aún quieres llevar un anillo después de pensártelo, a lo mejor estarás preparada para hacerlo. Lo comprendes, ¿verdad?

—Sí, supongo que sí. ¿Puedo llevarlo durante las vacaciones?

—Buen intento.

Esta vez ha salido bien porque tanto Lauren como sus padres han expresado su opinión y sus razones, y porque han manifestado sus emociones (sorpresa, enfado, frustración, etc.), pero después se han tranquilizado y han hablado de los motivos por los que Lauren debía quitarse el anillo. Como sus padres han sido sinceros, Lauren también ha podido serlo («Sabía que si te pedía permiso, no me dejarías hacerlo»).

Sus padres no se han limitado a reñirla y ordenarle que se lo quite; ha habido un toma y daca. Además, al igual que si pide permiso, es bueno decirle que si aún quiere llevar un anillo cuando sea mayor, volverán a hablar del tema. No es necesario que prometas nada, pero si sabe que no es un asunto cerrado, tu hija sentirá cierta satisfacción.

La dura realidad de los tatuajes adolescentes

Te guste o no, muchos adolescentes pueden engañar a quien haga falta acerca de su edad. Eso significa que si tu hijo quiere hacerse un tatuaje, no necesitará que lo acompañes. Sabemos que es duro, pero es la verdad. Si se le mete en la mollera hacerse un tatuaje, se lo hará.

Queremos ayudarte a descubrir cómo lograr que hable contigo antes de hacerse un tatuaje, porque lo último que querrás es que se lo haga en algún lugar poco higiénico y sórdido porque no se ha atrevido a planteártelo. Por desgracia, como madre o padre, tendrás que decidir si estás dispuesto a sacrificar tus normas acerca de los tatuajes para evitar que tu hijo corra riesgos. No significa que debas estar de acuerdo, sólo que no te interpongas en su camino. Si es así, continúa leyendo.

Al igual que en el caso de los *piercing*, debes dejar de hacer comentarios sobre lo nefastos que son los tatuajes. Y no digas que son desagradables, porque tu hijo sólo disentirá. Dile «Ese tipo lo tiene fatal. Nadie le dará un empleo. ¿Sabías que las empresas consideran que los empleados con tatuajes perjudican su imagen de empresa?» o «Con el tiempo, seguro que se arrepiente de haberse tatuado. Cuando se haga viejo, el tatuaje se deformará. La gente debería pensárselo dos veces antes de hacerse uno». Estos comentarios son realmente importantes. Aunque no están destinados a tu hijo, hará que piense en los aspectos prácticos y a largo plazo de los tatuajes.

También puedes abordar la situación al igual que con el *piercing*: hacer un trato y tratar de postergar el asunto. Si tu hijo reacciona mal frente a este enfoque y resuelve hacerse un tatuaje por su cuenta, aún puedes hacer alguna de estas cosas:

- Dile que no corra riesgos. Que hacerse tatuar por cualquiera es muy peligroso.
- Sugiérele que primero pruebe con henna antes de tomar una decisión cuyo resultado sea permanente. La henna es un tinte que dura alrededor de un mes. Dile que antes de hacerse un tatuaje definitivo, se haga un dibujo con henna. Si después de unos meses sigue queriendo tatuarse, volverás a considerar la cuestión. Así ganarás tiempo.

6

«EL DINERO NO CRECE EN LOS ÁRBOLES»

Economía adolescente

Sabemos que quieres dar a tus hijos todo lo que desean, porque son tus hijos y hacerles felices es lo mejor del mundo, pero si lo haces, al final pretenderán conseguir todo lo que se les antoje. Lo ideal sería que, para cuando llegan a la adolescencia, hayan aprendido el valor del dinero y que les hayas indicado cómo conseguir sus propios fondos sin darlo todo por hecho. Que obtengan una paga semanal haciendo tareas del hogar, consigan un trabajo o les des dinero cada vez que lo pidan, la cuestión es establecer un sistema que funcione.

A los adolescentes nos gusta creer que somos independientes, pero todos sabemos que sin la ayuda de nuestros padres no podríamos hacer las cosas que hacemos. Nos resulta difícil pensar en el dinero cuando tenemos ganas de ir al cine, jugar a los bolos o comprarnos una camiseta nueva; por eso contamos con que nuestros padres evitarán que cometamos disparates o nos aprovechemos de ellos.

Si bien los adolescentes necesitan sentirse económicamente independientes, también confían en que sus padres les enseñarán a valorar el dinero y administrarlo. Cualquier arreglo económico entre los adolescentes y sus padres debe servir para que los primeros se sientan independientes, pero también para asegurar que los padres mantengan el control.

Si los padres dan dos tarjetas de crédito a su hijo adolescente, lo más probable es que éste crea que el dinero crece en los árboles y que siempre que quiera dinero, lo conseguirá. Si pide dinero a sus padres y éstos le preguntan dónde está el que le dieron la noche anterior, el joven no comprenderá por qué tiene que darles explicaciones, puesto que siempre hay más dinero disponible. Ningún chico debería vivir en semejante burbuja, y ninguno quiere ser amigo de alguien que vive así.

JUGAR AL BILLAR: UN LUJO CARO

A Billy y a sus amigos les gusta jugar al billar los sábados por la noche. Se ha convertido en una costumbre cara. Henry, el padre de Billy, quiere que se divierta, pero considera que es hora de que Billy asuma una mayor responsabilidad y se pague algunos de sus caprichos, como jugar al billar. Henry decide pagar una parte y decirle a Billy que gane dinero para el resto. Si Billy no consigue un empleo, Henry le propondrá pagarle por hacer diversas tareas domésticas que normalmente no haría.

—Billy, he hablado con tu madre y sé cuánto disfrutas jugando al billar con tus amigos, pero es mucho dinero. Veinte dólares no parece una suma importante, pero si juegas todos los sábados por la noche durante cincuenta y dos semanas, las cosas cambian.

—No lo había pensado.

—Bien, pues ahora quiero que lo hagas. Mamá y yo queremos que empieces a pagarte las partidas de billar. El dinero no crece en los árboles, así que deberás aprender a apreciarlo.

—¿Quién ha dicho que no lo aprecie? —dice Billy en tono irritado.

—Pues la verdad es que jugar al billar todos los fines de semana parece un tanto absurdo.

—Ésa es tu opinión, y no es mi problema.

—Sí, pero resulta que el dinero es mío.

—Vale. ¿Así que ahora cuando todos mis amigos vayan a jugar al billar, yo tendré que quedarme solo en casa? No puedo pedirles que dejen de jugar sólo porque tú consideres que es caro.

—No he dicho eso. Quiero que consigas un empleo y pagues una parte. A mamá y a mí no nos importa pagarte una parte de lo que gastes, pero del resto tendrás que hacerte cargo tú.

—Sí, pero ¿cómo? ¿Quién me contratará? ¡No puedes pretender que consiga un empleo, así, por las buenas!

—Es posible, pero si no consigues un empleo en el próximo mes, yo te contrataré. Mañana empieza por hacer algunas tareas en casa y llegaremos a un acuerdo. Y el fin de semana te acompañaré a buscar un empleo.

Bill pone los ojos en blanco y se marcha.

Como se trata de una propuesta nueva, convendría que avisaras a tu hijo con tiempo y le explicaras tus motivos. De lo contrario, lo que él interpretará es: «No tienes derecho a divertirte. No seas infantil. Ya no eres un niño. El dinero no es tuyo. No has trabajado para ganarlo. Yo, sí.»

Lo primero que Henry debería haber hecho es decir: «Sé que te pillo desprevenido, pero queremos que empieces a pensar en el tema. Este nuevo sistema no empezaremos a aplicarlo hasta dentro de unas semanas, así que no te pongas nervioso.» En cuanto tu hijo oiga un comentario relacionado con el dinero, se pondrá de los nervios, así que lo mejor es empezar por decirle: «No te preocupes por ello. Lo solucionaremos juntos»; así se quedará tranquilo.

Henry se ha equivocado cuando dice: «Pues la verdad es que jugar al billar todos los fines de semana parece un tanto absurdo.» Al hijo le gusta jugar al billar, y criticarlo por algo que valora, aunque sólo sea una diversión, no tiene sentido. Sólo logrará ofenderlo y enfadarlo.

Si te parece necesario hacer hincapié en que jugar al billar tan a menudo es excesivo, dile: «Vale, aquí tienes la paga semanal. Te bastará para jugar al billar cada dos semanas y hacer algunas cosas más, o puedes jugar al billar todas las semanas y sacrificar el cine y los CD.» Ahora es tu hijo quien debe decidir si reduce las partidas de billar, si consigue un empleo o si sacrifica otra cosa para poder jugar al billar todas las semanas; ahora es él quien debe tomar una decisión acerca del dinero. Y eso supone aprender que no crece en los árboles.

También es importante que comprenda que tu dinero no siempre es el suyo, y que debe pedir permiso para usarlo. Pero evita hacerle sentir que te debe un favor cada vez que le pagas algo como una partida de billar. Porque en ese caso, nunca se sentirá cómodo contigo y probablemente se resienta.

Cuando ya hayas decidido comprarle algo a tu hijo, no lo uses para manipularlo. No le digas: «Ayer te pagué el cine, así que hoy tienes que ayudarme a lavar el coche.» No tiene nada de malo pedirle que te ayude a lavar el coche, pero si intentas manipularlo, reaccionará mal. Creerá que sólo le das cosas para que haga lo que tú quieres. Y cuando Henry dice: «El dinero es mío», Billy interpreta: «Harás lo que yo te diga porque yo pago las facturas, no porque sea tu obligación. No olvides que tengo la sartén por el mango.» De acuerdo, ya sabemos que es cierto, pero hacer alarde de ello sólo te convertirá en un auténtico tirano, y de esa forma no llegarás a ninguna parte con tu hijo. No comprenderá que se trata de aprender a valorar el dinero; creerá que se trata de ti y tu necesidad de sentirte importante.

UN RESULTADO MÁS POSITIVO: JUGAR AL BILLAR

—Billy, he hablado con tu madre y sé que te gusta mucho jugar al billar con tus amigos, pero se está convirtiendo en un pasatiempo caro. Veinte dólares no parece mucho, pero si juegas todos los sábados por la noche durante cincuenta y dos semanas, es otra cosa.

—No lo había pensado.

—Vale, lo entiendo. Pero yo sí que he considerado el tema, y me gustaría que empezaras a pagar una parte de las partidas de billar de los fines de semana. Sé que no te lo esperabas, pero ya tienes diecisiete años, y me parece que ya va siendo hora. Claro que no te pedimos que lo hagas ahora mismo, pero es algo que habrás de empezar a tener en cuenta.

—¿Cómo se supone que conseguiré el dinero para pagar las partidas? —contesta Billy, malhumorado—. Acabas de decir que tengo diecisiete años. Nadie me contratará. Si no consigo el dinero, no podré jugar con mis amigos.

—No se trata de eso. Queremos que te diviertas con tus amigos, pero la partida semanal empieza a ser una actividad demasiado cara. No te pido que dejes de jugar, pero ya tienes edad para pagarte algunos de tus caprichos. Durante los próximos meses, te pagaré tres partidas mensuales y hasta que encuentres un empleo puedes hacer algunas tareas domésticas para pagar la cuarta partida, pero dentro de unos meses hablaremos de tus responsabilidades y volveremos a considerar la situación.

—Bueno, está bien.

No te ofendas si tu hijo te contesta de manera impertinente. Lo hará, por muy bien que dirijas la conversación. Después de todo, le estás diciendo que ya empieza a ser hora de que aprenda a ganar su propio dinero y a administrarlo; es algo nuevo para él, y no le supone emprender una aventura divertida y excitante.

Henry maneja bien el asunto, empezando por decirle «Sé que te gusta mucho jugar al billar con tus amigos»: así, Billy comprende que no intenta estropearle la diversión. También acierta al decir «Veinte dólares no parece mucho, pero si juegas todos los sábados por la noche durante cincuenta y dos semanas, es otra cosa». Los adolescentes suelen olvidarse del dinero que gastan todos los días. Olvidan todos esos billetes de un dólar que acaban por sumar una buena cantidad.

Henry no empieza por suponer que Billy ignora cuánto cuesta cada partida de billar y así evita que Billy lo acuse de ello. Además, adopta una actitud inteligente al comprender que, para un adolescente, era mucha información de golpe, y acierta al decirle que no corre prisa y que se adaptarán al nuevo sistema lentamente.

¿Está preparada mi hija para tener una tarjeta de crédito?

En algún momento quizás hayas pensado darle una tarjeta de crédito a tu hija. Si tiene dieciséis o diecisiete años, tal vez pienses que es bueno que tenga una tarjeta de crédito si surge una emergencia con el coche, por ejemplo si tiene un pinchazo o se queda sin dinero para la gasolina. Aunque inicialmente parezca una buena idea, es mejor que primero hables con ella.

A lo mejor te sorprende, pero no todos los adolescentes quieren asumir la responsabilidad que significa tener una tarjeta de crédito. Un adolescente normal suele perder la cartera al menos una vez al año mientras asiste al instituto. En ese caso, no querrías que esa cartera contenga una tarjeta de crédito, y tu hija tampoco lo deseará. Quizá no haya reflexionado al respecto, pero una vez que le señales que una tarjeta de crédito supone una mayor responsabilidad, es posible que no la quiera. Si la idea os parece incómoda a ti o a tu hija, primero haz un intento con una tarjeta de débito o un «dinero para emergencias». (Véase más adelante.)

«¿VALEN LAS EMERGENCIAS RELACIONADAS CON LA ROPA?»

Brandon y Kelly deciden que ha llegado la hora de hablar sobre las tarjetas de crédito con Brenda, su hija de diecisiete años.

—Lo hemos pensado mucho, y como ahora conduces, papá y yo creemos que es hora de que tengas tu propia tarjeta de crédito para casos de emergencia. ¿Qué te parece?

—Me parece bien.

—Pues no te encojas de hombros como si no tuviera importancia. Una tarjeta de crédito supone una gran responsabilidad. No podrás usarla para ir de compras o para malgastar dinero en cualquier cosa. Sólo es para las emergencias.

—¿Y si se trata de una emergencia relacionada con la ropa? —dice Brenda en tono sarcástico.

—No estoy bromeando, Brenda.

—Sois tan neuras... Sólo es un trozo de plástico —replica Brenda soltando una risita.

Aunque parezca que Kelly enfoca la situación correctamente, no es así. Empieza bien al decir que ha estado pensando sobre el tema, e indicando la función que debe cumplir la tarjeta. Pero después se equivoca.

Cuando Kelly dice «Pues no te encojas de hombros como si no tuviera importancia. Una tarjeta de crédito supone una gran responsabilidad. No podrás usarla para ir de compras o para malgastar dinero en cualquier cosa», Brenda no sólo se pondrá a la defensiva, sino que se ofenderá bastante. Que Brenda malgaste tiempo y dinero yendo de compras no debe formar parte de la conversación sobre la tarjeta de crédito.

Si Kelly quiere que la conversación sea productiva, no debe mencionar la palabra «malgastar». Debería decir: «Antes de tomar esta decisión, comentaremos las reglas de uso de esta tarjeta, el cómo y el cuándo.» Es un modo racional y nada ofensivo de hablar acerca de las reglas de uso de la tarjeta. Nadie se ofende y se pueden abordar todos los aspectos.

NO PUEDO CONTROLARME: ¡NO ME DES UNA TARJETA DE CRÉDITO!

—Lo hemos pensado mucho, y como ahora conduces, papá y yo creemos que es hora de que tengas tu propia tarjeta de crédito para casos de emergencia. ¿Qué te parece?

—Me parece bien.

—Pues no te encojas de hombros como si no tuviera importancia. Una tarjeta de crédito supone una gran responsabilidad.

—Lo sé. Sé lo que es una tarjeta de crédito.

—Sólo decimos que si la pierdes sería un gran problema para todos, porque alguien podría robártela y cargar miles de dólares en la cuenta antes de saber que la habías perdido. Es para que lo sepas, pero si consideras que eres lo bastante responsable para llevarla, estamos dispuestos a confiar en nuestra intuición. Sólo nos parece que primero debes pensártelo bien. Muchos adolescentes no se sienten preparados porque tienden a perder las cosas y porque es fácil que te las roben en el instituto. Si consideras que no es tu caso, te encargaremos una tarjeta.

—Bueno, no parece que pueda elegir. No podré solucionar un problema con el coche sin una tarjeta de crédito.

—Hay otras soluciones. Podríamos darte dinero para emergencias y esconderlo en el coche, o en tu cartera. También podríamos encargar una tarjeta de débito.

—Sí, lo prefiero. Es menos problemático.

También podría responder lo siguiente:

—Vale, probemos con la tarjeta de crédito. Si no me siento cómoda, siempre puedo anularla.

Confía en el instinto de tu hija. Si considera que está preparada para tener una tarjeta de crédito después de que le hayas explicado tus dudas y las responsabilidades que conlleva, debes seguir adelante. Si temes que la pierda, o si sólo debe cogerla cuando vaya a salir en coche, déjala en un lugar especial que las dos consideréis seguro. Cuando vaya al volante, puede llevarla encima y después volver a guardarla en el mismo lugar en vez de llevarla de un lado para otro cuando no es necesario.

Es importante que Kelly le haya dicho por qué el hecho de perder una tarjeta es malo. Si no lo hubiera hecho, quizá Brenda acabaría pensando: «Mi madre se pasa de exagerada. ¡Sólo es una tarjeta de crédito!» Es necesario que tu hija comprenda los motivos de tu preocupación, y Kelly lo ha enfocado de manera inteligente.

También acierta al mencionar que a otros adolescentes les preocupa la responsabilidad que conlleva una tarjeta, y que por ese motivo algunos se niegan a tenerlas. Cuando las responsabilidades aumentan, los adolescentes suelen sentirse desafiados. Si Kelly no lo hubiera mencionado, Brenda podría haber dicho: «Sí, quiero una tarjeta de crédito», para no parecer una floja.

Puede que te parezca un disparate, pero la opinión del grupo de moda influirá en la decisión de tu hija. Al presentarle otras opciones, Kelly hace que para Brenda sea más fácil tomar una decisión racional.

«¡SÉ QUE MI MADRE ME MATARÁ, PERO TENGO QUE COMPRARME ESA FALDA!»

Kimmy, una quinceañera con su propia tarjeta de crédito y con buen ojo para la moda, está de compras con sus amigas. Ve una falda y «se enamora» de ella. Decide probársela aunque sabe que no se la puede comprar. Le queda perfecta y se muere por tenerla. Sopesa las ventajas y los inconvenientes: sólo tiene dos faldas de entretiempo y ésta puede ser tanto de fiesta como de diario; por otra parte sabe que su madre consideraría que pagar ochenta dólares por una falda es demasiado, y que en realidad no la necesita. Pero sucumbe a la tentación y paga con la tarjeta.

Esa noche, Kimmy decide mostrarle la falda a su madre.

—¿Otra falda, Kimmy? ¿Cuánto te ha costado? —pregunta su madre, mirando la etiqueta—. ¿Ochenta dólares? ¿Te has vuelto loca?

—Verás, sólo tengo dos faldas, y ésta es muy versátil, mamá...

—Te lo diré sin más vueltas: no puedes justificar esta compra. Me da igual que costara cinco dólares u ochenta: sabes que no puedes usar la tarjeta para comprarte cosas sin mi permiso. ¿Pensabas que no me importaría?

—Pero me encanta, mamá, y te prometo que no me compraré más ropa de entretiempo... Además, la falda podría ser uno de mis regalos de cumpleaños, uno por adelantado, ¿vale?

—Cállate. Esto es ridículo. Deja de inventar excusas y motivos. Sólo estás despilfarrando el dinero. Me cuesta mucho ganarlo y no es para que lo tires por ahí.

—Eso es mentira. No entiendes nada. Lo pensé mucho antes de comprarme la falda, ¿vale? Sé que trabajas mucho. Jolines, no puedes acusarme de algo así.

—Pues no te comportas como si lo apreciaras o supieras el valor del dinero, así que mañana por la mañana devolverás esa falda. Espero que hayas conservado la factura. Y de paso, olvídate de ir de compras con tus amigas. De hecho, te reduciré la paga semanal para que no te quede dinero para gastos extra.

—¿Pero qué dices? ¿Estás loca?

—¿Loca yo? No he sido yo quien ha metido la pata. En cuanto a la paga semanal, sólo dispondrás de dinero para el bus, el almuerzo en el instituto y veinte dólares para emergencias. Y será mejor que no los toques si no es una cuestión de vida o muerte.

—¡Esto es un disparate! Cometo un solo error y ya me tratas como si tuviera cinco años. ¡No soporto vivir en esta casa!

—Esta vez eres tú quien se ha equivocado. No puedes echarle la culpa a nadie más, así que acéptalo.

REMUNERAR A LOS ADOLESCENTES PARA QUE REALICEN TAREAS DEL HOGAR

En realidad, no hay un modo correcto o incorrecto de enfocar este asunto; depende de tu opinión y tus circunstancias específicas. Lo único que podemos afirmar es que los adolescentes comprenden que sus padres les obliguen a hacerse la cama, lavar los platos o poner la lavadora. Sí, quizá nos quejemos cada vez que nos recuerdas que hemos de hacer una de estas tareas y tal vez las posterguemos todo lo posible, pero sabemos que hacerlas forma parte de la vida y ningún adolescente considera que debe cobrar por ello. Eso no significa que pagar a tu hijo o hija (sobre todo si es pequeño/a) no sea un buen incentivo para que las haga; según las circunstancias, podría resultar útil para enseñarle el valor del dinero y cómo administrarlo. Los adolescentes no creen que merezcan cobrar por hacer las tareas del hogar (y eso no significa que no se desvivan por conseguir dinero de un modo u otro), así que no debería ser un motivo de preocupación.

En el fondo, la madre de Kimmy tiene derecho a enfadarse, porque su hija no le ha pedido permiso para comprarse la falda y ha cometido un error. Pero eso no significa que chillarle vaya a resolver el problema. De acuerdo: a lo mejor de esta manera Kimmy aprende la lección y nunca más vuelve a comprarse algo sin permiso, pero esta situación no se ha resuelto correctamente. Podría haber sido una oportunidad para que Kimmy y su madre hablaran del asunto y que ésta volviera a destacar las reglas relacionadas con la tarjeta de crédito.

Básicamente, Kimmy se enfada porque sabe que ha cometido un error y no soporta que su madre se lo repita una y otra vez. Quizá Kimmy ya se siente culpable; como su madre no deja de meter el dedo en la llaga, acaba por enfadarse con ella.

Cuando su madre dice «Deja de inventar excusas» y «No puedes echarle la culpa a nadie más», Kimmy interpreta: «Has metido la pata a fondo y ahora tendrás que pagar por ello y no dejaré que lo olvides.» Y cuando su madre la acusa de no apreciar su trabajo, Kimmy se ofende y se pone a la defensiva.

Como ya hemos dicho antes, es muy importante evitar las acusaciones porque así no conseguirás que tu hija quiera comunicarse contigo. Sólo lograrás que te deje fuera.

Aunque quizá Kimmy ya se sienta bastante mal, no decimos que deba librarse, pero para que la situación se resuelva mejor, su madre podría haberle hablado con más tranquilidad, en vez de ponerse histérica. No pasó nada grave, nadie corrió peligro y es muy probable que puedas recuperar tu dinero (si no fuera así, abajo figuran otras maneras de resolverlo). Sólo debes asegurarte de que no vuelva a ocurrir. En realidad no hay motivo para que te enfades o chilles, a menos que no sea la primera vez.

«COMPRAS SIN PEDIR PERMISO. AHORA HABLAREMOS DE ELLO»

Kimmy le cuenta a su madre que se ha comprado una falda sin pedir permiso.

—Pero bueno, Kimmy. ¿En qué pensabas cuando te la compraste? Sabes que no te habría dejado comprarte esa falda.

—Pero es tan bonita, mamá...

—Eso no tiene nada que ver.

—Por favor, mamá...

—Sabes que has de devolverla, así que no intentes convencerme. Pero no comprendo por qué la has comprado sin pedirme permiso. Es como si me estuvieras diciendo que no te he enseñado nada sobre el valor del dinero. Comprendes por qué te lo digo, ¿no?

—No, bueno, sí, lo comprendo. No es que me pareciera bien, pero no pude evitarlo..., ¿comprendes? No sé, supongo que me he equivocado. Si mi paga fuera mayor no tendría que pedirte permiso, pero no lo es.

—Entiendo. Pero creo que debes reflexionar antes de actuar impulsivamente. Que no tengas suficiente dinero propio no significa que puedas comprarte algo sin pedir permiso.

—Sí, tienes razón. Pero ten en cuenta que no suelo hacer este tipo de cosas. Ha sido un impulso repentino y sé que debo devolverla, pero quería que lo supieras.

—¿Que no volverás a hacerlo?

—Sí, y que sepas que sé que estás enfadada.

—Vale, eso está bien. Podrías dejar de ir de compras con tus amigas por un tiempo y visitar un museo o algo así.

—De acuerdo, mamá.

Esta conversación ha salido bien porque la madre de Kimmy se lo ha puesto fácil y Kimmy ha podido expresar sus sentimientos sin sentir que se metía en problemas. Por ejemplo, cuando su madre dice «Comprendes por qué te lo digo, ¿no?», Kimmy no siente que la regaña por haber cometido un error, sino que su madre quiere averiguar por qué se ha comprado la falda y asegurarse de que en el futuro podrá confiar en su hija. En realidad, Kimmy lo considera una oportunidad para explicarle qué pensaba; a lo mejor intentaba defenderse y asegurarse de que su madre supiera que ella sabe que ha cometido un error, con el fin no perder su confianza.

Lo más importante es que Kimmy no se ha sentido incómoda al reconocer su error. Hemos repetido una y otra vez que los adolescentes no soportan reconocer que se han equivocado, y eso es verdad, pero a veces admitirlo es la única manera de poder hablar con los padres. Si no sienten que pueden utilizarlo en su contra o que pueden decirles «¡Ya te lo había dicho!», los adolescentes se sentirán menos incómodos.

Ningún adolescente está dispuesto a ofrecer a sus padres la oportunidad de que les suelte «¡Ya te lo había dicho!». De hecho, es una de las mejores maneras de conseguir que tu hija no te hable: adoptar una actitud de superioridad moral o fingir que sabes lo que ocurrirá, mientras que tu hija adolescente apenas empieza a comprenderlo.

Si no ha conservado la factura o no hay modo de devolver la prenda, podrá devolverte el dinero de otra manera; no lo aceptará de buena gana, pero lo hará porque sabe que se ha equivocado y que es su responsabilidad.

Dicho sea de paso, te equivocas si crees que es una cuestión que sólo atañe a la chicas. Hay muchos chicos que aplicarán la misma «lógica» que Kimmy al comprar equipos deportivos, videojuegos e incluso ropa o accesorios. Esta situación puede ocurrir cada vez que un adolescente quiere algo intensamente y se deja tentar.

Si tu hija ha hecho algo «irreversible» (es decir, comprar algo que no puede devolver), es evidente que no puedes permitir que se lo quede, de lo contrario nunca aprenderá esta lección. Cuando estés segura de que ha comprendido las cuestiones comentadas arriba, podrías aplicar algunas de estas ideas para abordar la situación:

- Guarda tú la prenda y dile que si la quiere tendrá que trabajar; haz que realice tareas domésticas y devuélvesela cuando se lo haya ganado. Éste podría ser un buen momento para sugerirle que se consiga un empleo y que trabaje para ganar su propio dinero. Así, si le preocupa que no apruebes la compra de una falda que le gusta, podrá conseguirla con su propio dinero.
- Dona la prenda a una organización benéfica.
- Consérvala hasta su cumpleaños y conviértela en un regalo.

«PERO NUNCA HAS DICHO QUE NO COMPRE CERVEZA»

Cuando le das dinero a tu hijo para salir el sábado por la noche, supones que se lo gastará de manera responsable y no en cervezas. Por desgracia, si no especificas en qué lo pueden gastar, los adolescentes creerán que pueden emplearlo en conseguir cerveza y cigarrillos. Aunque saben que no deben hacerlo, cuando les conviene se las ingenian para tomarse tus palabras al pie de letra.

Pregúntale a tu hijo qué piensa hacer y en qué piensa gastar el dinero antes de que salga. Y a la mañana siguiente, pregúntale en qué gastó el dinero y pídele la vuelta. Si sabe que controlas sus gastos, es menos probable que se arriesgue a comprar algo indebido.

Dinero para emergencias

Es bastante habitual que los padres quieran que sus hijos dispongan de cierta cantidad de dinero para cualquier emergencia. Es un fondo que sólo han de usar si les roban la cartera o si surge una emergencia, no cuando no les alcanza para comprar un nuevo CD. En teoría la idea es irreprochable, pero el problema es que a menudo se lo gastan en cosas que sus padres no consideran una emergencia.

Así que lo primero es lo primero: debes especificar en qué pueden gastar ese dinero. Lo mejor es hablarlo de antemano, la primera vez que les das dinero para emergencias; definir para qué sirve y cuándo pueden usarlo, y además explicar qué ocurrirá si lo malgastan y por qué.

Asegúrate de que tu hijo sabe que no pasarás por alto un mal uso de ese dinero. Es bastante probable que alguna vez tengan un desliz, pero tu hijo debe resistir la tentación en lugar de ceder a ella porque cree que no habrá consecuencias.

Si tu hijo ya dispone de dinero para emergencias pero aún no has hablado de las reglas y las consecuencias, dedica unos minutos a explicarle por qué tiene ese dinero y por qué te enfadarás si lo usa para otra cosa. Háblale de los motivos de seguridad y del valor del dinero. Nunca es demasiado tarde para darle una breve explicación (no sermonees; limítate a mencionarlo).

«¡ERA UNA EMERGENCIA! ¡LAS ZAPATILLAS DE BALONCESTO SÓLO ESTABAN REBAJADAS HASTA ESTA NOCHE!»

Jacob tiene quince años y le encanta el baloncesto. Una tarde, cuando vuelve a casa de un partido con un par de amigos, ve unas zapatillas de baloncesto en el escaparate de una zapatería. Se muere por comprarlas. Están rebajadas, pero le faltan diez dólares... a menos que eche mano del dinero para emergencias que sus padres le piden que lleve siempre consigo. Decide gastar los diez dólares —la mitad del dinero— pensando que se los devolverá a su padre más adelante, y se disculpa a sí mismo pensando que además sólo son diez dólares.

El fin de semana siguiente, Jacob está a punto de salir para encontrarse con un par de amigos.

—Bueno, papá, volveré alrededor de las once —dice Jacob, asomándose a la cocina donde su padre está cenando.

—Vale. Llevas el móvil, la cartera y ...

—Sí, papá, lo tengo todo.

—... y los veinte dólares para emergencias, ¿no?

—Ah, sí, ya no me acordaba: ¿puedes darme diez dólares más?

—¿Adónde han ido a parar los otros diez? No has tenido ninguna emergencia, ¿verdad?

—Te los devolveré la semana que viene, cuando la abuela me dé el dinero del cumpleaños; me gasté los diez en unas Nike nuevas.

—¿Te gastaste la mitad del dinero que te di para emergencias? ¿Acaso no significa nada para ti? ¿O es que no me escuchabas cuando te dije que no lo tocaras a menos que te robaran la cartera o algo por el estilo?

—Jolines, papá, no creí que fuera tan importante...

—Pues lo es. Las emergencias son importantes. ¿No comprendes que has de obedecerme? Ese dinero no está para que te lo gastes de buenas a primeras. Ya veo que te dan lo mismo las medidas de seguridad que te he impuesto y las reglas sobre el dinero que acordamos. ¿O es que comprarte un capricho era una emergencia? ¡No tienes nada en la cabeza!

—¡Te pones histérico sin ningún motivo! ¡Ni siquiera

me escuchas, sólo chillas! A lo mejor es por eso que no te escucho, porque te enfadas cuando no he hecho nada malo. ¡No pienso soportarlo!

Jacob abandona la cocina dando un un portazo y sale para encontrarse con sus amigos.

Claro que el padre de Jacob tiene buenos motivos para enfadarse. Seguramente le asusta lo que ocurriría si se presentara una emergencia y Jacob no tuviera dinero, y le da rabia que su hijo no haga ni caso de sus palabras, pero su manera de abordar la situación no mejorará las cosas.

La conversación se ha torcido sobre todo porque Jacob siente que sólo le están chillando y encima lo acusan de no escuchar («Ya veo que te dan lo mismo...»). Y que su padre dude de su inteligencia («¿O es que comprarte un capricho era una emergencia? ¡No tienes nada en la cabeza!») no contribuye a suvizar el conflicto.

Al principio de la conversación, Jacob quiere explicarle a su padre por qué se ha gastado los diez dólares, pero su padre hace que sea imposible convirtiendo la conversación en un altercado a gritos. Si dices cosas como «¿Qué te pasa?» o «Eres un inconsciente», estás provocando una reacción negativa; es prácticamente seguro que tu hijo se enfade y se ofenda, y así no estará de humor para contestar a tus preguntas.

Da igual que Jacob supiera que no debería haber gastado el dinero en zapatillas, porque cuando su padre le dice «¿O es que comprarte un capricho era una emergencia?», él interpreta: «Eres tonto e inmaduro, y no entiendes las consecuencias de tus actos, y deja de defenderte, porque no te servirá de nada.» En ese preciso momento, Jacob tirará la toalla.

Tal vez le grite a su padre y le suelte un par de insultos, pero habrá dejado de creer que él y su padre pueden mantener una conversación civilizada acerca del dinero. Jacob es incapaz de explicar sus razonamientos (aunque sepa que ha cometido un error, intentará explicarlo de algún modo) y su padre no puede explicarle por qué ese tipo de actitud lo enfurece hasta semejante punto.

DÉJAME EXPLICARTE POR QUÉ ME ENFADA QUE HAYAS GASTADO LOS DIEZ DÓLARES

—Un momento. ¿Así que te has gastado la mitad del dinero para emergencias en un par de zapatillas de baloncesto?

—Sí, pero te lo devolveré...

—No se trata de eso, Jacob. La semana que viene es tu cumpleaños y podrías haberme pedido que te las regalara. Es una cuestión de principios, por eso estoy molesto, ¿comprendes?

—Sí, supongo que sí...

—Verás, comprendo que disponer de veinte dólares puede ser tentador, pero existe un motivo por el cual no debes gastarlos. En parte es por seguridad, pero también es preocupante que los gastaras sin reflexionar.

—¿Te refieres a que no pensé en las consecuencias?

—Sí, y tampoco parece que hayas pensado en el precio, y te has gastado los dólares como si fuera dinero de juguete. ¿Estás de acuerdo con esa descripción?

—Pues no, la verdad. Lo pensé bien y era consciente de que me estaba gastando el dinero para emergencias. No es que pensara que podía malgastarlo tal cual. Sabía que podía devolvértelo pronto y no me pareció demasiado grave gastar una parte. No es que fuera por ahí sin un céntimo.

—Es verdad, pero es posible que en una emergencia necesitaras más de diez dólares. ¿Comprendes por qué me molesta que hayas decidido gastar parte de ese dinero?

—Sí, lo entiendo, pero también quiero que sepas que no hago las cosas sin pensarlas.

—De acuerdo, lo comprendo.

Una conversación como ésta es muy positiva, porque hay mucho toma y daca; el adolescente y el padre se aseguran de que el otro comprende lo que dice y por qué. No se limitan a chillarse, en vez de eso dejan que el otro se explique y después se esfuerzan por comprenderlo. Además, al no perder la calma, el padre de Jacob puede explicarle el motivo de su enfado: porque considera que Jacob se ha gastado el dinero sin pensar y se exponía a no disponer de éste en una emergencia.

Lo ideal es que tanto el adolescente como el padre puedan decir: «No, lo que sentí fue esto, no lo que dices tú.» Así, los dos tienen la libertad de reconocer sus errores, aclarar los malentendidos y explicar sus motivos.

Obtener un empleo

En su mayoría, los padres consideran que en algún momento sus hijos deben tener un empleo remunerado. Según parece, no es porque quieran que sus hijos adolescentes «se hagan cargo de sus propios gastos», sino para que comprendan de manera directa que el dinero no crece en los árboles. Los padres pretenden inculcarles determinados valores y consideran que los asumirán si tienen un trabajo remunerado.

Pues la verdad es que en el caso de los empleos durante el curso académico, este objetivo no se cumplirá. Si bien en teoría conseguir un empleo y aprender el valor del dinero suena estupendo, no ocurrirá sólo porque hayas decidido que es hora de que ocurra.

Sabemos que tú también has pasado por ello, que has ido

al instituto y todo lo demás, pero los tiempos han cambiado: las cosas ya no son como cuando tú eras adolescente. Hoy en día, el acceso a la universidad es el aspecto más importante de la vida de tu hijo, y consume todo su tiempo.

Desde cualquier punto de vista, hoy es más difícil entrar en una buena universidad que en tu época. Por eso es más difícil que los adolescentes dispongan del tiempo necesario para tener un empleo. Los adolescentes de hoy consideran injusto y poco razonable que los padres les exijan que trabajen durante la semana escolar y que al mismo tiempo obtengan buenas notas. Sea o no sea poco razonable e injusto, tu hijo lo verá así.

Debido a la extraordinaria competencia que se produce para acceder a la universidad, los padres deben decidir si es más importante que sus hijos aprendan el valor del dinero o que obtengan buenas calificaciones. Sí, en teoría los dos objetivos son posibles, pero uno de los dos debe ser prioritario, y el otro debe adaptarse a ello.

Sin embargo, muchos adolescentes quieren trabajar porque consideran que disponer de su propio dinero les da cierta libertad.

La clave para que la experiencia sea útil es que tu hijo debe decidir por sí mismo. Si cree que su formación es lo primero y lo obligas a trabajar durante la semana, lo único que aprenderá a decir es «Odio a mis padres» en nueve idiomas diferentes.

A lo mejor piensas: «Vale, eso es durante la semana, pero los fines de semana dispone de mucho tiempo, tanto para hacer los deberes como para tener un empleo.» Es posible que tengas razón, pero no lo sobrecargues con tareas. Una cosa es que él mismo se sobrecargue y otra que lo hagas tú. Necesitará tiempo para relajarse. Nadie se muere por trabajar un poco, pero llevar adelante un empleo durante el primer año del instituto, sin disponer de tiempo libre, puede ser demasiado para él. Sabemos que lo último que deseas es que tu hijo se quede sin aliento justo al final.

No intentamos convencerte de que no le ayudes a conseguir un empleo. Los empleos de verano son estupendos, y también los de fin de semana. Creemos que para un adolescente puede ser muy provechoso descubrir que ganar dinero supone un gran esfuerzo, y descubrirlo por su cuenta, no de oídas. Sólo pretendemos que seas realista en cuanto al tiempo y la energía que suponen los estudios en la actualidad. Si le pones el listón demasiado alto, tu hijo no sacará ningún provecho del empleo y quizá sus notas se resientan. Las cosas pueden ponerse bastante feas.

CÓMO MOTIVAR A TU HIJO PARA QUE OBTENGA UN TRABAJO DE VERANO

A estas alturas, ya sabes que los adolescentes pueden ser bastante perezosos. Si realmente quieres que obtenga un trabajo de verano, éstas son algunas opciones:

- Asegúrate de que empieza a buscarlo, mejor antes que después... los empleos para adolescentes no son fáciles de encontrar.
- Ayúdale a decidir cuál es el empleo que más le conviene, algo que no lo estrese demasiado (es su verano: no querrás que acabe odiando el trabajo).
  ¿Le gusta trabajar con niños? Intenta conseguirle un empleo en un campamento. ¿Le gustan los libros? Búscale un empleo en una librería. ¿Lo que más le importa es la moda y las amigas? Un empleo en una tienda de las galerías comerciales sería ideal. ¿Dice

que le gustaría estudiar cinematografía? Un cine multisalas es la respuesta.

- Procura que el trámite sea divertido. Tu hijo intentará encontrar un empleo durante el año escolar, algo bastante estresante, así que ayúdale si está luchando, pero no hagas todo por él. Si tú le consigues el empleo, y él no lo eligió, acabará por resentirse y negarse a trabajar.

EPÍLOGO

Tras leer este libro, quizá pienses que llevas las de perder. Nosotras no lo creemos, de verdad. Es imposible que los años de adolescencia de tu hijo no te afecten. Y perderás el juicio si no comprendes que, debido a todos los cambios que están ocurriendo en tu casa, tú también cambiarás.

Al igual que la mayoría de los padres, crees que si logras recordar cómo era ser adolescente y te pones firme para evitar que tu hijo cometa los mismos errores que tú, todo saldrá de maravillas. Bien, como de costumbre, estarás en un error. Pero eres una buena persona, y a condición de que lo sigas siendo, todavía hay esperanzas.

Aunque a tus hijos les encanta crearte problemas, quieren volver a casa y oír las palabras «Te quiero». Claro que eso supone un esfuerzo, y seguramente haremos cosas que hagan que decir «Te quiero» aparezcan en el último puesto de la lista de lo que quieres decirnos cuando regresamos a casa, pero si no pierdes el optimismo y te aseguras de que tu hijo tampoco lo pierde, todo saldrá bien.

Todas las relaciones entre padres y adolescentes pasan por momentos problemáticos, pero el truco consiste en no retroceder y seguir intentándolo. Un adolescente siempre se da cuenta si sus padres procuran comprenderlo y si no se molestan en hacerlo. Ésta es una de las ocasiones en las cuales las buenas intenciones son primordiales y si sigues intentándolo pese a todo, tú y tu hijo/a adolescente tenéis una excelente oportunidad de salir airosos.

Buena suerte. Y recuerda: sólo son siete años de tu vida.

OTROS TÍTULOS DE LA COLECCIÓN

LA ACTITUD DEL ÉXITO

Carol S. Dweck

Existen dos mentalidades básicas: la mentalidad fija y la de crecimiento. Sólo la segunda lleva a un éxito verdadero en todos los órdenes de la vida. ¿Cuál de las dos es la suya? ¿Tiene idea de cuánto influye la manera en que se define a sí mismo en su vida cotidiana y en su futuro? ¿Qué relación tiene su mentalidad con la forma en que usted reacciona ante el fracaso? ¿Sabe cómo cambiar de actitud mental y con ello transformar radicalmente sus posibilidades de realización personal? ¿Cómo podemos ayudar a nuestros hijos a desarrollar una mentalidad de crecimiento?

Éste es el libro que responde a estas y muchas otras preguntas. Un libro que puede cambiar su vida.

LAS FRANCESAS DISFRUTAN TODO EL AÑO... Y NO ENGORDAN

Mireille Guiliano

Las lectoras del fenomenal superventas *Las francesas no engordan* le han enviado a Mireille Guiliano infinidad de mensajes, pidiéndole saber más acerca de cómo se las ingenian las francesas para disfrutar de alimentos como la pasta, los quesos o el chocolate, sin engordar. La respuesta de Mireille es este libro repleto de nuevos consejos e historias —relacionados con la comida, *bien sûr*, pues contiene más de cien recetas nuevas y deliciosas—, pero que aborda otros aspectos de la vida que nos proporcionan placer, como elegir un vino, vestir bien, recibir invitados y hacer nuestro entorno más agradable.

Mireille nos ofrece estrategias para ir de compras, cocinar y hacer ejercicio, además de algunos trucos para estar siempre *chic*. Con su estilo cercano y entretenido, nos demuestra que existe un arte de vivir con alegría y que el equilibrio supone la clave para una vida larga y saludable.

Hayamos o no leído su libro anterior, aquí encontraremos una guía esencial para saborear sabiamente todos los momentos de la vida, aprovechando lo mejor de cada estación del año, y sin renunciar al placer.